ECON Ratgeber
Essen und Trinken

Heidemarie Freund

Haus- gemachtes

Brot, Wurst, Wein und vieles mehr

ETB
ECON Taschenbuch Verlag

CIP-Kurztitelaufnahme der Deutschen Bibliothek

Freund, Heidemarie:
Hausgemachtes: Brot, Wurst, Wein u. vieles mehr / Heidemarie Freund.
Orig.-Ausg. – Düsseldorf: ECON Taschenbuch Verlag, 1986.
(ETB 20204; ECON Ratgeber: Essen und Trinken)
ISBN 3-612-20204-9

Originalausgabe

© ECON Taschenbuch Verlag GmbH, Düsseldorf
September 1986
Umschlagentwurf: Ludwig Kaiser
Titelfoto: Photo-Design-Studio Gerhard Burock
Fotos: CMA, Bonn-Bad Godesberg; CONTACTPRESS-Essig Essenz, Hamburg; Deutscher Brauer-Bund, Bonn; Eurokommunikation, Hamburg; Fischwirtschaftliches Marketing-Institut, Bremerhaven; IP-Informationen, Hamburg; Komplett-Büro, GmbH, München; Knorr/Maizena-Kochzentrum; Leipziger und Partner/Fink; Dr. Muth PR, Hamburg; Scheurich-Keramik; Segmenta, Hamburg.
Zeichnungen: Wally Löw
Die Ratschläge in diesem Buch sind von Autor und Verlag sorgfältig erwogen und geprüft; dennoch kann eine Garantie nicht übernommen werden. Eine Haftung des Autors bzw. des Verlags und seiner Beauftragten für Personen-, Sach- und Vermögensschäden ist ausgeschlossen.
Satz: Dörlemann-Satz, Lemförde
Druck und Bindearbeiten: Ebner Ulm
Printed in Germany
ISBN 3-612-20204-9

Inhalt

Vorwort

Die Erinnerungen an früher verbinden wir oft mit dem Duft nach frisch gebackenem Brot, dem Geschmack von selbstgekeltertem Apfelsaft und Most sowie dem Spaß beim Einmachen von Obst und Gemüse. Heute wären viele der damals zeitaufwendigen Arbeiten undenkbar, aber die Freude am Selbermachen ist geblieben und hat wieder einen neuen Stellenwert bekommen.

Viele Hausfrauen und -männer wissen im Zeichen der immer mehr denaturierten Nahrungsmittel Hausgemachtes zu schätzen und sind stolz auf den Augen- und Gaumenschmaus aus der eigenen Küche.

Das vorliegende Taschenbuch bietet Ihnen eine reichhaltige Auswahl hausgemachter Spezialitäten, die die ganze Familie und auch Freunde begeistern werden. Denn wer beispielsweise ein Vollkornbrot backen, einen Schlehenwein herstellen oder eine Entenpastete zubereiten kann, ist um ein individuelles lukullisches Geschenk nie verlegen.

Sowohl einfache als auch schwierige Rezepte sind so aufbereitet, daß sie von jedermann problemlos nachzuvollziehen sind. Viel Spaß und guten Appetit!

Deftige und gewürzte Brote

Pikantes

Der Hefe- oder Sauerteig ist eigentlich die Basis aller selbst-
gebackenen Brote, aber er kann so vielfältig durch verschie-
dene Zutaten variiert werden, daß die Brote immer wieder
anders schmecken.

Buntes Brot
(Für etwa 18 Scheiben)

> *500 g Weizenmehl, davon die Hälfte Vollkornmehl*
> *30 g Hefe*
> *1 TL Zucker*
> *etwa 1/4 l lauwarme Milch*
> *6 EL kaltgepreßtes Keimöl*
> *1 TL Salz*
> *1 Ei*
> *50 g durchwachsener Speck*
> *1 kleine Zwiebel*
> *je 1 Bund Schnittlauch und Petersilie*
> *1 TL Kümmel*
> *Dosenmilch*

Das Mehl in eine Backschüssel geben und eine Vertiefung
hineindrücken. Die Hefe hineinbröckeln, den Zucker dazugeben und mit 4 Eßlöffeln lauwarmer Milch verrühren.
Mit Mehl bestäuben und an einem warmen Ort etwa
20 Minuten gehen lassen.

Den Vorteig verrühren und mit der restlichen Milch, dem Keimöl, dem Salz und dem Ei verkneten.
Den Speck in sehr kleine Würfel schneiden.
Die Zwiebel schälen und fein würfeln.
Den Schnittlauch und die Petersilie waschen, abtrocknen und fein zerkleinern.
Alles zusammen mit dem Kümmel zum Brotteig geben und so lange kneten, bis sich der Teig vom Schüsselrand löst.
Zugedeckt gehen lassen, bis sich sein Volumen verdoppelt hat.
Den Teig in eine gefettete Kastenform füllen, nochmals 15 Minuten gehen lassen, mit Dosenmilch bestreichen und bei 200 Grad etwa 50 Minuten backen.

Tip:
Wenn Sie Kümmel nicht mögen, lassen Sie ihn einfach weg. Als Kräuter eignen sich auch noch frischer Thymian und Majoran.

Aus vollem Korn

Vollkornmehl erfreut sich steigender Beliebtheit, weil es viele Ballaststoffe enthält, die gerade in unserer bewegungsarmen Zeit von großer Bedeutung sind. Kaufen Sie jedoch Vollkornmehl nie in großen Mengen ein, oder noch besser – mahlen Sie Ihr Korn selbst.

Vollkornweck
(Für ein großes, rundes Brot)

> *250 g Roggenvollkornmehl*
> *750 g Weizenvollkornmehl*
> *600 ml Milch*
> *60 g Hefe*
> *4 EL kaltgepreßtes Öl*
> *1 TL Salz*
> *1 kleines Ei*
> *1 EL Sesam*

Das Mehl mischen, in eine Schüssel geben und eine Vertiefung hineindrücken.
1 Tasse Milch erwärmen und die Hefe darin auflösen. In die Mulde geben und mit etwas Mehl verrühren. Gut 15 Minuten gehen lassen.
Das Öl, das Salz und die restliche Milch zu dem Teig geben und alles gut durcharbeiten. Nochmals an einem warmen Ort gehen lassen, bis sich der Teig verdoppelt hat.
Den Teig abermals durchkneten und zu einem runden Weck formen. Auf ein gefettetes Backblech legen, mit dem verquirlten Ei bestreichen und mit Sesam bestreuen.
Vor dem Backen 10 Minuten gehen lassen und im vorgeheizten Ofen bei 220 Grad etwa 60 Minuten backen. Dabei ein feuerfestes Gefäß mit kaltem Wasser neben das Brot stellen.

Tip:
Wenn Sie Ihr Brot deftiger lieben, können Sie nach Belieben
Koriander, Kümmel und Fenchel unter den Teig mischen.

Schmackhaft

Eine begeisterte Brotbäckerin wird immer nach ausgefalle-
nen Rezepten suchen, um ihr Können zu vervollkommnen.
Damit kann sie der Familie ein immer wieder anderes Brot
auftischen. Wie wär es mit einem feinen Zwiebelbrot?

Zwiebelbrot

200 g Roggenmehl
300 g Weizenmehl
30 g Hefe
1/4 l lauwarmes Wasser
4 EL Öl
1/2 TL Salz
1 große Zwiebel

Das Mehl mischen und in eine Schüssel geben; eine Mulde
hineindrücken.
Die Hefe zerbröckeln, mit etwas lauwarmem Wasser verrühren und in die Mulde geben. Etwas Mehl darüberstäuben und zum Vorteig etwa 15 Minuten gehen lassen.
In der Zwischenzeit die Zwiebel schälen, fein würfeln und
im erhitzten Öl glasig braten.
Das Salz, sowie das restliche Wasser und die Zwiebel-Öl-
Mischung zum Vorteig geben und alles zu einem geschmeidigen Teig verkneten. Den Teig so lange schlagen, bis er
Blasen wirft.
Mit etwas Mehl bestäuben und zugedeckt bis zum doppel-
ten Volumen gehen lassen.

Den Teig durchkneten und zu einem länglichen Brot formen. Auf ein gefettetes Backblech geben und 15 Minuten ruhen lassen.
Bei 200 Grad etwa 50 Minuten backen. Dabei eine feuerfeste Tasse mit kaltem Wasser neben das Brot stellen.

Tip:
Wenn Sie ein Weißbrot backen wollen, nehmen Sie nur Weizenmehl und statt Wasser Milch. Es wird dann schön zart und mild im Geschmack. Überhaupt empfiehlt es sich, für helle Brote eher Milch und für dunklere Sorten hauptsächlich Wasser zu verwenden.

Gesund und bekömmlich

. . . ist ein Brot, das mit Sojaschrot oder Sojamehl gebacken wird. Sojabohnen enthalten Eiweiß, das sehr wertvoll ist und auf das speziell Vegetarier eigentlich nicht verzichten können. Lassen Sie Sojaprodukte auch Ihrer Gesundheit zugute kommen.

Sojabrot

100 g Weizenkörner
600 g Weizenmehl (Typ 1050)
200 g Sojaschrot
1 Würfel Hefe
1 TL Zucker
etwa 350 g lauwarmes Wasser
2 TL Salz
150 g Sauerteig

Die Weizenkörner über Nacht in Wasser einweichen.
Das Weizenmehl zusammen mit dem Sojaschrot in eine Schüssel geben und eine Vertiefung hineindrücken.
Die Hefe mit dem Zucker und etwas lauwarmem Wasser zu einem Brei rühren und in die Mulde geben. Mit etwas Mehl verrühren und zugedeckt an einem warmen Ort etwa 20 Minuten gehen lassen.
Das Salz, den Sauerteig, die gut abgetropften Weizenkörner und das restliche Wasser zum Vorteig geben und alles gut verkneten. Etwa 10 Minuten durchkneten, bis sich der Teig von der Schüssel löst.
Ist der Teig zu klebrig, kann noch etwas Mehl untergemischt werden.
Den Teig zugedeckt auf die doppelte Größe gehen lassen und nochmals durchkneten.

Einen Laib formen und auf ein gefettetes Backblech legen.
10 Minuten gehen lassen.
Im vorgeheizten Backofen bei 200 Grad etwa 60 Minuten
backen.

Tip:
Wenn Sie öfter Brot backen, lohnt sich eine spezielle Brot-
backform, in der das Brot gut gelingt und stets in Form
bleibt.

Für die Party

Bei einer Party macht sich selbstgebackenes Brot besonders gut. Und natürlich soll es gut aussehen. Das Zopfbrot macht zwar etwas Arbeit, wird aber mit Sicherheit Begeisterung ernten.

Zopfbrot

> *1000 g Weizenmehl*
> *60 g Hefe*
> *1 TL Zucker*
> *1/4 l lauwarme Milch*
> *1/8 l Wasser*
> *1 1/2 TL Salz*
> *1/4 TL schwarzer Pfeffer aus der Mühle*
> *4 EL Keimöl*
> *6 EL Milch*

Das Mehl in eine Schüssel sieben und eine Mulde hineindrücken.

Die Hefe mit dem Zucker und 8 Eßlöffeln warmer Milch verrühren. In die Mulde geben und mit etwas Mehl verrühren.

Mit Mehl bestäuben und zugedeckt 25 Minuten gehen lassen.

Die restliche Milch, das Wasser, das Salz, den Pfeffer und das Öl zu dem Vorteig geben und alles gut miteinander verkneten. So lange kneten, bis der Teig Blasen wirft.

Nochmals gehen lassen, bis sich der Teig annähernd verdoppelt hat.

Den Teig kurz durchkneten und in 3 gleich große Stücke teilen. Jedes Teil zu einer Rolle formen und die 3 Rollen von der Mitte aus beginnend zu einem Zopf flechten.

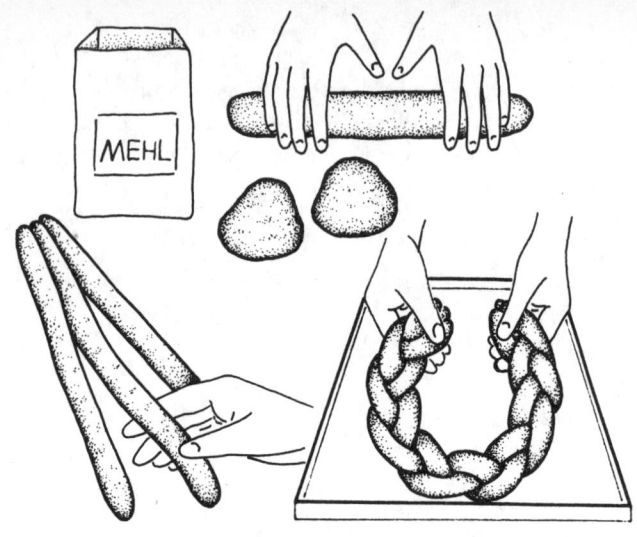

Ein Backblech gut fetten und den Zopf kreisförmig darauf legen. Die Zopfenden miteinander verflechten. Den Zopf mit Milch bestreichen und erneut 15 Minuten gehen lassen. Den Backofen vorheizen und das Brot bei 200 Grad etwa 55 Minuten backen.

Tip:
Das Zopfbrot ist auch als Geschenk, beispielsweise zum Einzug oder zu Ostern (in der Mitte mit gefärbten Eiern gefüllt), eine gute Idee.

Aus Omas Backbuch

Früher wurde mit selbsthergestelltem Sauerteig, der immer wieder bis zum nächsten Mal aufgehoben wurde, Brot gebacken. Heute können wir auf im Handel angebotenen Sauerteig zurückgreifen, der das Brot so schmecken läßt wie damals – beinahe!!

Sauerteigbrot
(Für 2 längliche Brote)

> 380 g feines Roggenvollkornschrot
> 380 g feines Weizenvollkornschrot
> 1 Würfel Hefe
> 400–500 ml lauwarmes Wasser
> 1 TL Zucker
> 1 Beutel Natursauerteig (Reformhaus)
> 2 TL Salz

Das Vollkornschrot in eine große Schüssel geben und eine Mulde hineindrücken.
Die Hefe mit etwas lauwarmem Wasser und dem Zucker zu einem Brei rühren und in die Mulde geben.
Den Teig mit einem Tuch bedecken und an einem warmen Ort so lange gehen lassen, bis die Hefe Blasen wirft.
Zusammen mit dem restlichen Wasser, dem Sauerteig und dem Salz einen geschmeidigen Teig formen und gut durchkneten.
Den Teig wieder abdecken und 30 Minuten gehen lassen.
Gut durchkneten, 2 längliche Laibe formen und erneut etwa 20 Minuten gehen lassen.
Die Laibe auf ein gefettetes Blech legen, ein feuerfestes Förmchen mit Wasser dazustellen, die Brote mit lauwarmem Wasser bepinseln und bei 220 Grad etwa 55 Minuten backen.

Tip:
Je besser und länger der Teig geknetet wird, desto lockerer
wird das Brot. Das ist harte Handarbeit, oder Sie haben eine
leistungsfähige Küchenmaschine, die das für Sie erledigt.
Die üblichen Kompaktmaschinen sollten nur mit höchstens
500 g gefüllt werden.

Zum Verschenken

... ist ein spezielles Brot, das bevorzugt in der Weihnachts-
zeit gebacken wird. Es enthält viele getrocknete Früchte
und Gewürze, ist lange haltbar und ideal als nahrhaftes
Geschenk für Leute, bei denen Selbstgemachtes hoch im
Kurs steht.

Früchtebrot
(Für 2 Brote)

6 Eier
250 g Zucker
2 Päckchen Vanillinzucker
1 TL Zimt
4 cl Weinbrand
150 g Mandeln
200 g Haselnüsse
200 g getrocknete Feigen
250 g Orangeat
250 g Zitronat
450 g Rosinen
450 g Backpflaumen
200 g Mehl
200 g Speisestärke
3 TL Backpulver

Die Eier mit dem Zucker und dem Vanillinzucker in der Küchenmaschine schaumig schlagen, bis sich der Zucker aufgelöst hat.

Den Zimt und den Weinbrand unterrühren.

Die Mandeln und die Haselnüsse grob mahlen.

Die Feigen in Scheiben schneiden.

Das Orangeat und das Zitronat kleinwürfeln und die Rosinen waschen.

Die Backpflaumen wenn nötig entsteinen und grob schneiden.

Alle Früchte unter die Eiermasse rühren.

Das Mehl mit der Speisestärke und dem Backpulver mischen, auf die Masse sieben und vorsichtig untermischen.

Den Teig in 2 Sandkuchenformen füllen und etwa 75 Minuten bei 220 Grad backen.

Die Früchtebrote auskühlen lassen und in einem geschlossenen Karton mindestens 1 Woche ruhen lassen.

Tip:
Noch länger haltbar und weniger süß ist das Brot, wenn Sie einen Hefeteig nehmen und die Früchte Ihrer Wahl untermischen.

Mit feiner Würze

Ein mit Kräutern gewürztes Brot ist zwar nicht jedermanns Sache, aber es bringt Abwechslung in den Brotkorb. Und wenn Sie erst die Lust am Brotbacken entdeckt haben, werden Sie es sowieso nicht bei einem belassen.

Kräuterbrot

30 g Hefe
1/4 Tasse lauwarme Milch
300 g Weizenmehl
200 g Roggenvollkornmehl
1/4 l Wasser
1 TL Salz
2 EL Öl
1 Zwiebel
je 1 TL getrockneter Thymian und Basilikum
Mehl zum Bestäuben

Die Hefe zerbröckeln und in der lauwarmen Milch verrühren.
Das Mehl in eine Backschüssel geben, eine Mulde formen und die verrührte Hefe hineingießen.
Etwas Mehl darüberstäuben und an einem warmen Ort 15 Minuten gehen lassen.
Das lauwarme Wasser, das Salz und das Öl zum Teig geben und alles gut vermengen und kneten.
Die Zwiebel schälen, fein würfeln und mit den Kräutern unter den Teig mischen.
Den Teig mit etwas Mehl bestäuben und zugedeckt nochmals so lange gehen lassen, bis er sich verdoppelt hat.
Den Teig auf einer bemehlten Arbeitsfläche gut durchkneten, zu einem Laib formen und abermals gut 10 Minuten gehen lassen.
Den Laib auf ein gefettetes Blech legen und einmal mit dem

Messer einschneiden. Im vorgeheizten Ofen bei 200 Grad
etwa 50 Minuten backen. Vor dem Verzehr gut auskühlen
lassen.

Tip:
Dieses Kräuterbrot schmeckt eigentlich zu Butter oder einem milden Käse am besten. Wenn Sie nur Zwiebeln untermischen, erhalten Sie ein feines *Zwiebelbrot*.

Für Biokostler

Wenn so manche Hausfrau und mancher Hausmann auf
selbstgemachtes Brot umsteigen, dann zuletzt auch darum,
weil sie alle die Zutaten nehmen können, die ihrer Meinung
nach gesund und unverfälscht sind. Hier eine außerge-
wöhnliche Variante.

Bananen-Nuß-Brot
(Für etwa 16 Scheiben)

100 g gehobelte Haselnüsse
3 mittelgroße Bananen
30 g Butter
2 Eier
200 g feiner Bienenhonig
3 EL Milch
1 Vanilleschote
250 g frisch gemahlenes Vollkornweizenmehl
1 TL Backpulver
1 Prise Salz

Die Haselnüsse in einer ungefetteten, beschichteten Pfanne
goldgelb rösten, herausnehmen und abkühlen lassen.
Die geschälten Bananen mit einer Gabel zu Mus zerdrücken.

Die Butter in einer Pfanne heiß werden lassen, das Bananenmus kurz anschwitzen und erkalten lassen.
Die Eier trennen und die Eigelbe und den Honig mit dem Rührbesen des Handrührgeräts schaumig schlagen.
Die Milch, das Mark der Vanilleschote und das Bananenmus hinzufügen.

Das Mehl mit dem Backpulver, dem Salz und den Haselnüssen nach und nach unterheben.
Die Eiweiße zu sehr steifem Schnee schlagen und vorsichtig
unterziehen.
Eine Kastenform oder ein anderes Gefäß mit Fett ausstrei-
chen und die Masse einfüllen. Glattstreichen und im vorgeheizten Backofen bei 180 Grad etwa 60 Minuten backen.

Tip:
Dieses Brot ist – mit wenig Butter bestrichen – beispielsweise mit einem Karotten-Sellerie-Apfel-Salat ein hochwertiges, leichtes Abendessen.

Eine Spezialität

Im eigentlichen Sinne kein Brot, aber als solches zu verwenden, ist eine fränkische Spezialität, die warm als Abendbrot
oder als Auftakt, wenn Gäste kommen, gereicht wird.

Speckblootz
(Für ein Blech)

> *500 g Weizenmehl*
> *30 g Hefe*
> *1/8 l lauwarme Milch*
> *1 Prise Zucker*
> *1 TL Salz*
> *100 g Butter*
> *250 g Speck*
> *1 Ei*
> *1 EL Kümmel*

Das Mehl in eine Schüssel sieben und in der Mitte eine
Vertiefung formen.

Die Hefe in etwas lauwarmer Milch mit dem Zucker auflösen und hineingeben.

Etwas Mehl darüberstreuen und 20 Minuten gehen lassen.

Die restliche Milch mit dem Salz und der lauwarmen, zerlassenen Butter zum Teig geben und ihn so lange schlagen und kneten, bis er Blasen wirft.

Den Teig abermals gehen lassen, bis er sich verdoppelt hat.

In der Zwischenzeit den Speck in kleine Würfel schneiden.

Den Teig durchkneten, ungefähr fingerdick ausrollen und auf ein gefettetes Backblech legen.

Das Ei verquirlen und den Teig damit bestreichen.

Den Speck auf dem Teig verteilen und etwas eindrücken.

Den Kümmel darüberstreuen.

Im vorgeheizten Backofen bei 200 Grad etwa 25 Minuten backen.

Tip:
Dieser »Blootz« kann selbstverständlich noch mit Zwiebeln, Olivenscheiben oder Artischockenböden verfeinert werden. Er ist aber dann nicht mehr original fränkisch.

Leckeres Fleisch und würzige Würste

Etwas für das Auge

Eine selbstgemachte Sülze sieht immer gut aus und ist zum Abendbrot oder kalten Büfett ein dekorativer Gaumenschmaus. Sie macht zwar etwas Arbeit, aber auch Freude, wenn sie gut gelungen ist.

Fleischsülze
(Für etwa 4 Portionen)

1 Schweinszunge
500 g Schweinefleisch aus der Schulter
1 kleine Kalbshaxe
Suppengrün, wie Karotten, Sellerie, Petersilienwurzeln,
   Porree, Zwiebeln
2 TL Salz
10 schwarze Pfefferkörner
2 hartgekochte Eier
2 Gewürzgurken
2 EL Essig
flüssige Würze oder Brühwürfel
12 Blatt weiße Gelatine

Das Fleisch waschen und trockentupfen. Das Suppengrün waschen und putzen.
Einen großen Topf mit etwa 2 l Wasser zum Kochen bringen und das Fleisch mit dem Suppengrün hineingeben. Das Salz und die Pfefferkörner dazugeben.

Ist das Fleisch gargekocht, herausnehmen und abkühlen lassen. Die Zunge ist gar, wenn sich die Spitze leicht eindrücken läßt.

Das Fleisch von den Knochen lösen und würfeln. Die Zunge häuten und ebenfalls in Würfel schneiden.

Das Suppengrün in kleine Stücke, die Eier und die Gurken in Scheiben schneiden.

Die Brühe abseihen, das Fett abschöpfen und 1 Liter abmessen. Wieder erhitzen und etwas einkochen lassen. Mit dem Essig und der flüssigen Würze sowie eventuell mit etwas Salz abschmecken.

Die Gelatine in Stücke reißen und in kaltem Wasser einweichen.

Eine tiefe Schüssel einfetten und das Suppengrün sowie das Fleisch einschichten. Die unterste Schicht mit Eischeiben und Gurkenscheiben beginnen.

Die gut ausgedrückte Gelatine unter die Fleischbrühe rühren, bis sie sich aufgelöst hat. Den Sud über die Schichten gießen, bis alles gut bedeckt ist.

Einige Stunden im Kühlschrank erstarren lassen; danach in heißes Wasser tauchen, den Rand mit dem Messer lösen und vorsichtig stürzen.

Nichts Alltägliches

... ist eine Geflügelsülze, vor allem, wenn nur das zarte Brustfleisch und das saftige Keulenfleisch verwendet werden. Karotten, Erbsen und Oliven sorgen für den optischen Effekt. Wenn das nicht schmeckt!

Hähnchensülze
(Für etwa 4 Portionen)

1 großes Masthähnchen (etwa 1000 g)
Salz
Suppengrün
2 mittelgroße Karotten
1 kleine Dose Erbsen
20 mit Paprika gefüllte Oliven
10 Blatt weiße Gelatine
1 Eiweiß
3 EL Sherryessig
gekörnte Brühe
Petersilie zum Garnieren

Das Hähnchen außen und innen waschen und trockentupfen.
Genügend Wasser erhitzen und bei Kochbeginn das Hähnchen mit dem Salz hineingeben; das Suppengrün putzen, zerkleinern und ebenfalls dazugeben.
Nach 10 Minuten die geputzten ganzen Karotten hinzufügen und alles etwa 30 Minuten garen.

Das Fleisch herausnehmen, die Brühe abseihen und erkalten lassen.

In der Zwischenzeit das Hähnchenfleisch von den Knochen lösen und Brust- sowie Keulenfleisch ohne Haut in Würfel schneiden. Das restliche Fleisch kann mit der übrigen Brühe für eine Suppe Verwendung finden.

Die Karotten in Scheiben schneiden, die Erbsen abtropfen lassen und 10 Oliven in Scheiben schneiden.

Die Gelatine grob zerkleinern und im kalten Wasser einweichen.

Die Fettschicht auf der erkalteten Brühe entfernen, 3/4 l abmessen, das Eiweiß einrühren und unter Rühren erhitzen, bis sich Flocken bilden und die trüben Bestandteile gebunden werden.

Durch einen Filter abgießen und mit Sherryessig und der gekörnten Brühe würzen.

Die gut ausgedrückte Gelatine in der heißen Brühe auflösen.

Ein tiefes Gefäß fetten und das Hähnchenfleisch mit den Karotten, Erbsen und Oliven dekorativ einschichten. Mit der Flüssigkeit begießen, bis alles bedeckt ist.

Im Kühlschrank mehrere Stunden erstarren lassen, in heißes Wasser tauchen und stürzen. Mit Petersilie und den restlichen Oliven garnieren.

Nach Hausmacherart

Der Schlachttag war früher ein Fest für jung und alt. Heute gibt es nur noch wenige Haushalte, in denen selbst geschlachtet wird. Dennoch brauchen Sie nicht auf die so unvergleichlich schmeckende Leberwurst verzichten, wenn Sie die Zutaten kaufen, alles pikant abschmecken und die Masse im Backofen sterilisieren.

Feine Leberwurst
(Für 3 Gläser à $1/2$ l)

> *500 g Schweineleber*
> *500 g Schweinebauch ohne Knochen*
> *1 EL Salz*
> *2 mittelgroße Zwiebeln*
> *20 g Schweineschmalz*
> *1 Knoblauchzehe*
> *frisch gemahlener schwarzer Pfeffer*
> *1 Messerspitze Piment*
> *1 TL Majoran*
> *1 Prise Muskat*
> *1 EL eingelegter grüner Pfeffer*

Die Schweineleber häuten, vom Schweinebauch die Schwarte abschneiden. Den Schweinebauch etwa 1 $1/2$ Stunden in Salzwasser garen.
10 Minuten vor Ende der Garzeit die in Scheiben geschnittene Leber mitgaren lassen.
Die Zwiebeln schälen, fein würfeln und im erhitzten Schweineschmalz glasig braten.
Das gekochte Fleisch mit der Leber und den Zwiebeln entweder im Mixer ganz fein pürieren oder zweimal durch die feine Scheibe des Fleischwolfs drehen.
Die durchgepreßte Knoblauchzehe dazugeben und mit Pfef-

fer, Piment, Majoran, Muskat und den Pfefferkörnern pikant abschmecken.

Die Masse bis 2 cm unter den Rand in Sturzgläser füllen, diese mit Gummiring, Deckel und Klammer gut verschließen und im vorgeheizten Backofen bei 140 Grad etwa 75 Minuten sterilisieren. Die Gläser müssen in einem etwa 2 cm hohen Wasserbad stehen.

Tip:
Werden große Gläser mit 1 Liter Inhalt benutzt, muß die Wurstmasse etwa 2 Stunden sterilisiert werden.

Die auf diese Art zubereitete Wurst hält sich 12 Monate und länger. Ab und zu die Gläser kontrollieren.

Aus Nachbars Küche

Die Franzosen lieben nicht nur die exklusive Küche, sondern auch deftige Hausmannskost, wie Rillettes, das in Schweineschmalz gebratene und feinzerkleinerte Schweinefleisch. Probieren Sie die kalorienreiche Spezialität.

Rillettes de porc
(Für etwa 4 Steinguttöpfchen à 300 g)

1 kg fettes Schweinefleisch
Thymian, Majoran, Basilikum
1 Prise Beifuß
Piment
schwarzer Pfeffer aus der Mühle
1 große Zwiebel
1 TL Salz
1 gute Messerspitze Paprika
150 g Schweinespeck
Alufolie oder Cellophan

Das Schweinefleisch waschen, trockentupfen und die Schwarte abschneiden. Reichlich mit Thymian, Majoran, Basilikum, dem Beifuß, Piment und Pfeffer einreiben und zugedeckt über Nacht in den Kühlschrank stellen.

Das Fleisch zusammen mit der geschälten Zwiebel durch die grobe Scheibe des Fleischwolfs drehen. Salz und Paprika untermischen.

100 g Schweinespeck in der Pfanne auslassen und die Fleischmischung hineingeben. Bei kleiner Hitze im Fett kochen lassen. Dabei ab und zu umrühren und etwas Wasser dazugießen, damit das Fleisch nicht bräunt.

Hat das Fleisch lange genug gegart, und ist es eine weiche, homogene Masse geworden, kann es in kleine Steinguttöpfchen abgefüllt werden.

In der gleichen Pfanne den restlichen Schweinespeck auslassen, durch ein Sieb gießen und die Oberfläche des Rillettes damit bedecken.

Die Töpfchen mit Alufolie oder Cellophan verschließen und im Kühlschrank aufbewahren.

Tip:
Das Gericht schmeckt auch ausgezeichnet mit jeweils der Hälfte Gänse- und Schweinefleisch. Wichtig ist, daß das Fleisch gut gewürzt ist. Eventuell sollte es noch vor dem Abfüllen nachgewürzt werden.

Partyschmaus

Ist eine Party angesagt, sollten Sie selbstgemachten Leberkäse mit Kartoffelsalat anbieten. Das ist preisgünstig und
schmeckt jedem. Außerdem kann alles vorbereitet werden,
so daß Sie sich nach Eintreffen der Gäste mit »ins Vergnügen stürzen« können.

Leberkäse
(Für 1 Kastenform)

 300 g Rinderleber
 500 g Schweinebauch
 100 g Räucherspeck
 2 mittelgroße Zwiebeln
 20 g Butterschmalz
 1 TL Salz
 weißer Pfeffer aus der Mühle
 1 TL Majoran
 3 Eier
 1/2 Tasse Milch
 Semmelbrösel

Die Rinderleber häuten, vom Schweinebauch die Schwarte
entfernen. Beides und den Räucherspeck in grobe Würfel
schneiden.
Die Zwiebeln schälen, würfeln und im Butterschmalz glasig
braten.
Zum Fleisch geben und alles 2mal durch die feine Scheibe
des Fleischwolfs drehen.
Mit Salz, Pfeffer und Majoran pikant würzen.
Die Eier und die Milch gut unterrühren.
Die Masse in eine gefettete und mit Semmelbröseln ausge-
streute Kastenform füllen und mit dem Teigschaber glattstreichen.

Im vorgeheizten Backofen bei 150 Grad etwa 75 Minuten backen. Dabei die Oberfläche öfter mit Wasser bestreichen, damit sie eine schöne Kruste bekommt.

Tip:
Ist die Masse zu flüssig, kann auch etwas Mehl untergerührt werden. Ansonsten weniger Milch oder gar keine dazugeben.
Die Leber- und Fleischanteile können nach Belieben variiert werden, sofern die Menge stimmt.

Viele Kräuter

. . . kennzeichnen die Geflügelleberwurst, die sich durch einen feinen Geschmack und lange Haltbarkeit auszeichnet. Überraschender Besuch ist damit kein Problem mehr. Und als Geschenk werden Sie damit viel Beifall bekommen.

Kräuterleberwurst
(Für 3 Gläser à 1/2 l)

500 g Geflügelleber
500 g Schweinebauchfleisch
20 g Butterschmalz
1 große Zwiebel
2 TL Salz
1 Tl Majoran
1 TL Thymian
1 gute Messerspitze Cayennepfeffer
1 Prise Muskat
1/4 TL Salbei
3 d Weißwein

Die Leber waschen und 5 Minuten in Salzwasser kochen.

Herausnehmen und das Schweinefleisch 1 Stunde darin garen.

Das Butterschmalz erhitzen, die Zwiebel schälen und würfeln und im Schmalz glasig braten.

Zusammen mit dem Fleisch und der Leber durch die feine Scheibe des Fleischwolfs drehen. Soll die Masse ganz fein werden, nochmals durchdrehen.

Mit Salz, Majoran, Thymian, Cayennepfeffer, Muskat und Salbei gut scharf abschmecken; den Weißwein unterrühren.

Die Masse etwa 3/4 hoch in Sturzgläser füllen, diese jeweils mit Gummiring, Deckel und Klammer dicht verschließen und im Einmachtopf bei knapp 100 Grad 60 Minuten einkochen. Abkühlen lassen und kühl und trocken aufbewahren.

Tip:
Rohe Wurstmasse sollte am nächsten Tag abermals eingekocht werden, um jegliche Pilzsporen oder Bakterien abzutöten. Bei vorgekochtem Fleisch genügt einmaliges Einkochen.

Luftgetrocknetes

Nichts geht über eine ungarische oder Mailänder Salami. Aber die hausgemachte Salami anzubieten – das ist etwas ganz Besonderes. Für die luftgetrocknete brauchen Sie einen trockenen Speicher mit einer gleichbleibenden Temperatur von etwa 12 Grad.

Salami

400 g mageres Schweinefleisch
300 g mageres Rindfleisch
350 g Speck (ungeräuchert)
1 TL Salz
2 TL Pökelsalz (vom Fleischer)
1 Knoblauchzehe
1 TL Zucker
weißer Pfeffer aus der Mühle
1 TL Paprika
4 EL Fleischbrühe
Naturdarm (vom Fleischer)
Milchsäure (aus der Apotheke)

Das Fleisch waschen, abtrocknen, in Würfel schneiden und 20 Minuten in der Tiefkühltruhe kühlen. Danach zusammen mit dem Speck durch die feine Scheibe des Fleischwolfs drehen.

Das Salz, das Pökelsalz, die geschälte und durchgepreßte Knoblauchzehe sowie die anderen Gewürze dazugeben.

Die Masse gut durchkneten und nur so viel Fleischbrühe hinzufügen, daß noch eine feste Konsistenz bestehen bleibt.

Den Naturdarm in Wasser legen und auf das Füllrohr des Fleischwolfs aufziehen. Das Ende heraushängen lassen und gut abbinden.

Die Wurstmasse abermals in den Fleischwolf geben und

durch das Füllrohr in den Darm stopfen. Dabei unbedingt darauf achten, daß die Masse fest und ohne Zwischenräume eingefüllt wird. Den Darm gut zubinden, und die Wurst auf dem Speicher an einer Leine aufhängen.

Während des Trocknens (mindestens 8 Wochen) die Würste ab und zu mit Milchsäure abwaschen, damit sich außen kein Schimmel bildet.

Tip:
Die Salami schmeckt auch, wenn sie nur mit Schweinefleisch zubereitet wird. Als Gewürze kommen noch Majoran, Thymian und Cayennepfeffer in Frage.

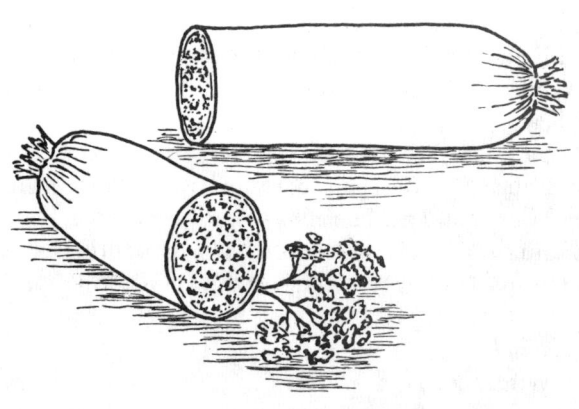

Schön saftig

. . . ist Fleisch, wenn es gepökelt wurde. Außerdem ist es die einfachste Art, Fleisch 2–3 Wochen haltbar zu machen. Zum Pökeln eignet sich jedes Fleisch. Es muß aber ganz von Lake umgeben sein.

Gepökeltes Rindfleisch

1000 g Rindfleisch
150 g Pökelsalz (vom Fleischer)
1 1/2 TL Zucker
1 TL schwarze Pfefferkörner
1 Lorbeerblatt

Das Rindfleisch waschen und in ein nicht zu großes, hohes Gefäß geben.
Gut 1/2 l Wasser mit dem Pökelsalz, dem Zucker, den Pfefferkörnern und dem Lorbeerblatt aufkochen und ab-kühlen lassen; über das Fleisch gießen.
Das Gefäß verschließen und das Fleisch im Kühlschrank lagern. Nach spätestens 3 Wochen sollte es gegart werden.
Das Fleisch in kaltem Wasser aufsetzen und in etwa 1 1/2 Stunden gar ziehen lassen.
In Scheiben schneiden und zu Meerrettichgemüse und Salz-kartoffeln servieren.

Tip:
Probieren Sie auch mal *Kasseler.* Dazu Schweinerücken-fleisch auslösen lassen und pökeln. Dann kochen und zu erhitzten und mit Pfeffer gewürzten Rumtopffrüchten ser-vieren. Die Flüssigkeit eventuell mit Speisestärke etwas ein-dicken. Reis dazu reichen.

Für Kenner

Wildgerichte und -pasteten sind eine besondere Delikatesse, die meist nur an Feiertagen auf den Tisch kommt. Wer öfter Lust auf Wild hat, sollte sich ganz einfach Wurst einkochen, die somit jederzeit verfügbar ist.

Hasenfleischwurst
(Für etwa 10 Gläser à 1/4 l)

1 ausgenommener und gut abgehangener Wildhase
einige Wacholderbeeren
Salz
schwarzer Pfeffer aus der Mühle
Fett zum Braten
1/4 l Fleischbrühe (Instant)
800 g Schweinebraten
Paprika
500 g Schweinespeck
1 große Zwiebel
20 g Butter
Muskat
Piment

Den Hasen waschen, mit Küchenkrepp abtupfen und die Läufe mit der Geflügelschere abtrennen.
Das Fleisch mit den zerdrückten Wacholderbeeren, Salz und Pfeffer würzen und im Bräter mit genügend Fett etwa 1 Stunde bei 200 Grad braten.
Ab und zu mit etwas Fleischbrühe begießen.
Den Schweinebraten mit Salz, Pfeffer und Paprika würzen und im Fett anbraten. Mit wenig Fleischbrühe im Topf in etwa 120 Minuten fertig braten.
Den Schweinespeck in Salzwasser etwa 60 Minuten kochen.
Alles Fleisch aus den Töpfen nehmen und erkalten lassen.

Das Hasenfleisch von den Knochen lösen. Mit dem Schweinefleisch und dem Speck einmal durch die mittlere und einmal durch die feine Scheibe des Fleischwolfs drehen.

Die Zwiebel schälen, würfeln und in der erhitzten Butter glasig braten.

Das Fleisch zusammen mit den Zwiebelwürfeln abermals durch die feine Scheibe des Fleischwolfs drehen.

Den Bratenfond vom Schweinebraten erhitzen, durchsieben und zu der Fleischmasse geben, bis diese streichfähig ist.

Mit Salz, Pfeffer, Muskat und Piment nicht zu scharf abschmecken.

Die Masse in Sturzgläser füllen und im Einkochtopf bei 100 Grad 70 Minuten sterilisieren.

Tip:
Wem das Filet zu schade zur Wurstverarbeitung ist, der kann es kalt oder warm zu leckeren Beilagen servieren.

Deftige Vesper

Ein dunkles Bauernbrot, selbstgemachte Wurst und ein kühles Bier – da läuft so manchem das Wasser im Munde zusammen. Eine Blutwurst ist zwar von der Zubereitung her nicht jedermanns Sache, aber denken Sie an das Ergebnis, das auch bei Gästen Begeisterung auslösen wird.

Blutwurst mit Zungenwürfel
(Für etwa 6 Gläser à $1/2$ Liter)

1 Rinderzunge
2 Zwiebeln
1 Bündel Suppengrün
1 Lorbeerblatt
Salz
400 g Schweineschwarte
400 g Rückenspeck
300 ml frisches Schweineblut
*   (vom Metzger)*
1 TL Pfeffer
1 EL Salz
1 EL Majoran
1/4 TL Nelkenpulver
1 gute Prise Paprika

Die Rinderzunge waschen und in kochendes Salzwasser geben.
Die Zwiebeln schälen und halbieren.
Das Suppengrün waschen, putzen und mit dem Lorbeerblatt und den Zwiebelhälften zum Salzwasser geben. Alles etwa 2 Stunden leicht kochen lassen.
Die Schweineschwarte ebenfalls ins Salzwasser geben und weitere 60 Minuten kochen lassen.
Den Rückenspeck in kleine Würfel schneiden.

Die Zunge und die Schwarte mit einem Schaumlöffel aus dem Wasser heben und abkühlen lassen.

Den Speck im Salzwasser etwa 2 Minuten ziehen lassen und ebenfalls mit dem Schaumlöffel herausheben.

Die Zunge abziehen und in grobe Würfel schneiden.

Die Schwarte durch die feine Scheibe des Fleischwolfs drehen.

Das Blut mit den Gewürzen und 6 Eßlöffeln Kochbrühe sowie der zerkleinerten Schwarte unter ständigem Rühren zum Kochen bringen.

Die Masse abkühlen lassen, Speck- und Zungenwürfel untermischen und bis 4 cm unter den Rand in Gläser füllen.

Verschließen und im Einmachtopf bei 90 Grad gut 1 Stunde einkochen.

Die Gläser abkühlen lassen und dunkel aufbewahren.

Tip:
Bestellen Sie die Zutaten rechtzeitig bei Ihrem Metzger, denn er hat nicht immer alles vorrätig.

Auch andere getrocknete Kräuter – wie beispielsweise Thymian – schmecken in dieser Wurst.

Schmackhafte Weine und Liköre

Ganz schön fruchtig

... präsentieren sich alle Liköre, die den Geschmack der einheimischen Beeren enthalten. Wer einen Garten sein eigen nennt, sollte auf keinen Fall versäumen, einen solchen Likör mit selbstgepflückten Früchten aufzusetzen.

Johannisbeerlikör
(Für 2 Flaschen à 750 ml)

500 g schwarze Johannisbeeren
200 g rote Johannisbeeren
400 g Zucker
2 Gewürznelken
1 Zimtstange
2 Sternanis
750 ml Weinbrand

Die Johannisbeeren waschen, mit einer Gabel von den Rispen streifen und die Früchte in eine große Flasche geben.
Den Zucker mit den Gewürznelken, der Zimtstange und dem Sternanis dazugeben und mit Weinbrand auffüllen.
Die Flasche gut verschlossen an einem hellen Platz aufbewahren und 6–8 Wochen durchziehen lassen. Dabei ab und zu kräftig schütteln.
Den Likör durch einen Papierfilter gießen und in entsprechende dekorative Flaschen abfüllen.

Tip:
Dieser Likör hält sich ungefähr 1 Jahr, wenn er vor Sonnen-
licht geschützt und nicht zu warm gelagert wird. Er schmeckt
als Aperitif oder mit Sekt aufgegossen besonders gut.
Variieren können Sie, indem Sie statt Weinbrand Wodka
(50%igen) oder Korn nehmen.

Ausgefallen

. . . ist dieser Likör, den man bestimmt nirgendwo kaufen kann. In einer hübschen Karaffe wird er zum individuellen Geschenk oder verschönt die eigene Hausbar. Na denn, Prost!

Rosinenlikör
(Für etwa 1 1/2 Flaschen à 1/2 l)

250 g ungeschwefelte Rosinen
80 g weißer Kandiszucker
1 Flasche Korn (0,75 l)
5 Eigelb
80 g Zucker
100 g flüssige Sahne

Die Rosinen zusammen mit dem Kandiszucker in ein gut verschließbares Glas oder eine Flasche geben. Mit dem Korn auffüllen, so daß alle Rosinen mindestens zweifingerbreit bedeckt sind. So lange stehenlassen, bis sich der Kandis gelöst hat. Das kann über 2 Wochen dauern.
Die Flasche zwischendurch immer wieder schütteln, damit sich alles gut vermischt.
Die Masse mit dem Mixer fein pürieren und durch ein Sieb abgießen.
Die Eigelbe mit dem Zucker und der Sahne im Mixer auf höchster Stufe etwa 10 Minuten schlagen, bis die Masse schaumig und dicklich ist.
Unter ständigem Schlagen nach und nach das Rosinenpüree untermischen und den Likör in Flaschen abfüllen und gut verschließen.

Tip:
Dieser Likör ist nicht sehr lange lagerfähig und sollte bald

getrunken werden. Am besten hält er sich im Kühlschrank. Aber da er sehr gut schmeckt, ist ihm sowieso kein langes Leben beschieden.

Für die Hausbar

Einen Grand Marnier müssen Sie nicht unbedingt in Ihrer Hausbar haben, wohl aber einen Orangenlikör, weil er beispielsweise für Longdrinks, in Desserts oder für ein feines Crepe unverzichtbar ist. Hier eine feine Variante:

Orangenlikör
(Für 2 Flaschen à 750 ml)

3 unbehandelte Orangen
1 Limone
1 Zimtstange
2 Sternanis
200 g weißer Kandiszucker
1 l guter Korn

Die Orangen waschen und die Schalen ganz fein abschälen. Dann die Früchte vorsichtig auspressen.
Die Limone waschen und in feine Scheiben schneiden.
Den Orangensaft mit den Limonenscheiben, der Zimtstange und dem Sternanis in eine dickbauchige Flasche geben.
Den Kandiszucker in $1/4$ l Wasser zum Kochen bringen und die Orangenschalen 15 Minuten darin ziehen lassen; beiseite stellen und abkühlen lassen.
Den Korn mit der Orangenschalenmischung in die Flasche füllen und an einem nicht zu hellen Ort reifen lassen. Dabei öfter schütteln.
Nach etwa 4 Wochen den Likör nach Belieben umfüllen und vor dem Probieren noch einige Zeit ruhen lassen.

Tip:
Auf die gleiche Weise läßt sich auch ein reiner *Zitronenlikör* zubereiten.
Die Orangen- oder Zitronenschalen sehen nicht nur de-

korativ aus, sondern können durchaus mitverzehrt werden.

Herrlich cremig

Zum Dessert oder Kaffee ist so ein cremig-gelber Eierlikör genau das richtige. Er ist in kurzer Zeit selbst zubereitet und macht sich hervorragend auch in Nachspeisen oder Kuchen.

Eierlikör
(Für 1 große oder 2 kleine Karaffen)

6 Eigelb
160 g Puderzucker
1/4 l Kondensmilch
1 Vanilleschote
1 Prise Zimt
1 Prise Nelkenpulver
1 Prise Muskat
1/2 l guter Weinbrand

Die Eigelbe und den Puderzucker mit dem Handrührgerät oder in der Küchenmaschine so lange schlagen, bis eine dicke, schaumige Creme entstanden ist.
Langsam die Kondensmilch einlaufen lassen und weiterschlagen. Das Mark der aufgeschlitzten Vanilleschote dazugeben.
Die Masse mit Zimt, Nelkenpulver und Muskat würzen.
Unter weiterem Rühren den Weinbrand langsam dazugießen.
Den Likör in Flaschen abgießen, den Schaum setzen lassen und dann den Rest nachgießen. Die bis zum Rand gefüllten Flaschen gut verschließen und kühl aufbewahren. Der Likör ist sofort gebrauchsfertig.

Tip:
Der Eierlikör kann auch mit reinem Alkohol (aus der Apotheke), mit Cognac oder weißem Rum zubereitet werden. Als Variante empfiehlt sich, eine Tasse starken Kaffee mit 1/4 l Weinbrand einzurühren.
Wenn Sie 10 Eigelbe bei gleicher Flüssigkeit nehmen, wird der Likör noch cremiger.

Rauchzart

Kenner trinken ihren Whisky am liebsten pur. Doch ein Cremelikör mit Whisky ist eine Delikatesse, die Sie probieren müssen. Er sollte mit schottischem »Rauchwhisky« hergestellt und nicht zu lange – etwa 4 Wochen – kühl aufbewahrt werden.

Scotch-Cream-Likör
(Für 1 Flasche mit 750 ml)

5 Eigelb
40 g Puderzucker
150 ml Kondensmilch (10% Fett)
1/4 l flüssige Sahne
1/4 l Scotch
50 g bittere Schokolade
3 TL Instantkaffee
1 Vanilleschote
1 Prise Zimt
3 Tropfen Bittermandelöl

Die Eigelbe mit dem Puderzucker in der Küchenmaschine schaumig rühren.
Die Kondensmilch, die Sahne und den Whisky unter weiterem Schlagen einrühren.

Die Schokolade im Wasserbad auflösen und zugeben.
Den Instantkaffee, das ausgekratzte Mark der Vanilleschote, Zimt und das Bittermandelöl hinzufügen. Noch einige Minuten bei niedriger Leistungsstufe weiterrühren.
Den Likör nach und nach in eine hübsche Flasche gießen, dabei den Schaum absetzen lassen. Gut verschließen und bald verbrauchen.

Tip:
Mit cremig gerührten Eiern lassen sich vielerlei Liköre zubereiten. Probieren Sie selbst aus, was schmeckt. Es eignen sich Weinbrand, Korn, Rum, Arrak usw.
Als Zutaten kommen in Frage: gemahlene Nüsse, Zimt, Schokolade und Kaffee.

Herrentrunk

Auch zu Hause können Sie selbst Wein herstellen, wenn auch nicht ganz so professionell. Zu der einfacheren Version gehört dieser Dessertwein, der sich ungefähr ein halbes Jahr hält. Da er es in sich hat, sollte er nur in Maßen getrunken werden.

Roter Traubenwein
(Für etwa 4 Flaschen à 1 l

1 kg blaue Trauben
1 kg Holunderbeeren
1 Vanilleschote
1 Zimtstange
1 1/2 l herber Rotwein
1/4 l reiner Alkohol (aus der Apotheke)
550 g Zucker
1 Flasche Rum (54%iger)

Die Weintrauben und Holunderbeeren waschen und von den Rispen befreien. In einer großen Schüssel zu Mus zerstampfen.
Das Mark der aufgeschnittenen Vanilleschote und die Zimtstange dazugeben.
Den Rotwein und den Alkohol unterrühren und alles in eine große Bauchflasche füllen.
Die Flasche verschließen und an einem hellen, aber nicht sonnigen Ort gut 4 Wochen stehenlassen und ab und zu schütteln.
Den Inhalt der Flasche durch ein Mulltuch gießen und die Früchte gut ausdrücken.
Den Zucker in 1/2 l erwärmtem Wasser auflösen und abgekühlt unter den Beerenwein mischen.
Den Rum dazugießen und alles in hübsche Glasflaschen abfüllen.

Den »Herrentrunk« noch 5 Wochen kühl und dunkel lagern, bevor er getrunken wird.

Tip:
Wenn Sie statt Holunderbeeren weiße Trauben nehmen, erhalten Sie einen feinen, hochprozentigen Wein, den es bestimmt nirgendwo zu kaufen gibt.

Von Mutter Natur

Im Spätherbst, wenn es schon ein paarmal gefroren hat, ist die richtige Zeit, um Schlehen zu sammeln und sie zu Wein zu verarbeiten. Die Mühe des Pflückens lohnt sich für diesen guten Tropfen.

Schlehenwein
(Für etwa 4 Flaschen à 750 ml)

etwa 2,5 kg Schlehen
4 Gewürznelken
1 zerkleinerte Zimtstange
1,5 kg Zucker

Die Schlehen waschen, mit dem Messer anschneiden und leicht zerdrücken bzw. zerstampfen. Die Steine sollten dabei nicht zerkleinert werden.
Die Gewürznelken und die Zimtstange dazugeben.
Den Zucker mit 3 l Wasser aufkochen und erkalten lassen. Zu dem Fruchtbrei geben und gut vermischen.
Die Masse in eine Ballonflasche füllen, gut verschließen und 2 Monate ruhen lassen. Die Flasche darf nur bis zur Hälfte gefüllt sein und sollte ab und zu vorsichtig geschüttelt werden.
Nach der Gärzeit den Wein durch einen Trichter, in den ein

Mulltuch gelegt wurde, in Flaschen abgießen. Gut verschlossen kühl und dunkel aufbewahren.

Tip:
Nach diesem Rezept läßt sich auch *Hagebutten-* und *Holunderwein* herstellen.

Selbst gekeltert

. . . ist ein Himbeerwein, der zum Dessert oder als Begrüßungstrunk für Gäste sehr gut schmeckt. Wenn Sie vorhaben, öfter Wein selbst herzustellen, sollten Sie sich eine Ballonflasche mit Gäraufsatz anschaffen. Dadurch wird die ganze Prozedur einfacher und unproblematischer.

Himbeerwein
(Für etwa 8 Flaschen à 1 l)

> *5 kg Himbeeren*
> *3,5 kg Zucker*
> *Reinzuchthefe (in Drogerien erhältlich)*
> *5 g Hefenährsalz (in Drogerien erhältlich)*
> *10 ml Antigeliermittel (in Drogerien erhältlich)*

Die Himbeeren gut verlesen und mit einem Stampfer in einer Schüssel zerdrücken.
Den Zucker in 5 l Wasser auflösen und erhitzen. Abgekühlt mit den Beeren vermischen.
Dann die Zuchthefe, das Hefenährsalz und das Antigeliermittel dazugeben.
Die Fruchtmasse in eine Ballonflasche einfüllen und diese mit dem Gäraufsatz verschließen. An einem warmen, jedoch nicht sonnigen Ort etwa 2 Wochen gären lassen.
Die Maische durch ein Mulltuch in eine 2. Ballonflasche

abfüllen, mit dem Gäraufsatz verschließen und so lange
weitergären lassen, bis keine Kohlensäure mehr aufsteigt.
Den Wein vorsichtig in Flaschen abfüllen. Dabei sollte der
Bodensatz in der Ballonflasche verbleiben. Die Flaschen mit
einem Korken oder sonstigem Verschluß luftdicht verschließen und dunkel lagern.

Tip:
Wenn Sie Ihren Wein lange haltbar machen und von vorn-
herein schädliche Bakterienbildungen ausschließen wollen,
sollte dem Wein eine Schwefeltablette zugegeben werden.

Einfach spitze!

Die schmackhaften Erdbeeren ergeben einen Hauswein,
der keinen Vergleich zu scheuen braucht. Wichtig ist, daß
einwandfrei sauber gearbeitet wird und die Früchte keine
faulen Stellen haben.

Erdbeerwein
(Für etwa 12 Flaschen à 750 ml)

5,5 kg Erdbeeren
3,2 kg Zucker
Reinzuchthefe
4 g Hefenährsalz
12 ml Antigeliermittel

Die Erdbeeren sehr sauber waschen und in einem großen
Gefäß zerdrücken.
Den Zucker in 3 1/2 l Wasser geben, erhitzen, etwas abküh-
len lassen und mit der Fruchtmasse vermischen.
Die Zuchthefe, das Hefenährsalz und das Antigeliermittel
dazugeben.

Die Maische in eine große Ballonflasche füllen und mit dem speziellen Gäraufsatz etwa 2 1/2 Wochen gären lassen. Darauf achten, daß die Flasche an einem warmen Ort steht.

Die gegärte Fruchtmasse durch ein Mulltuch abgießen, dabei die Früchte vorsichtig ausdrücken. Den Wein wieder in die Ballonflasche zurückgießen und dort weitergären lassen, bis keine Bläschen mehr aufsteigen.

Den jungen Wein vorsichtig in Flaschen abfüllen, verkorken und vor dem ersten Probieren noch einige Zeit lagern.

Tip:

Das Abfüllen in Flaschen geht einfach, wenn die Ballonflasche auf einem Tisch steht und der Wein mit Hilfe eines Plastikröhrchens in die Flaschen umgefüllt wird. Diese müssen auf dem Boden stehen, damit die Flüssigkeit »abgezogen« werden kann.

Feine Früchtchen

Frucht für Frucht ein Genuß!

Ein richtiger Rumtopf ist ein Gedicht, weil er viele Früchte
enthält und ungemein vielseitig ist: Er schmeckt zu Eis,
Pudding, Cremespeisen, zu Sekt sowie als Soßenverfeine-
rung in vielen Fleischspeisen. Im Mai ist der richtige Zeit-
punkt, um die ersten Früchte einzulegen.

Rumtopf

1 Rumtopf (5 l)
4 Flaschen 54%iger Rum
jeweils 250 g Zucker auf 500 g Früchte
jeweils 300–500 g Früchte

Als erste Früchte kommen in aller Regel Erdbeeren in den
Topf. Dazu 500 g Erdbeeren waschen, entstielen und gut
abtropfen lassen. Mit 500 g Zucker (das ist die Ausnahme,
sonst immer nur die Hälfte Zucker nehmen) in einer Schüssel 1 Stunde ziehen lassen.
Die Früchte in den Topf geben und mit 1 Flasche Rum
übergießen. Luftdicht verschließen und kühl und dunkel
lagern. Dabei alle 2 Wochen prüfen, ob die Früchte noch
mit Rum bedeckt sind und mit einem Holzlöffel umrühren.
Im Juni Sauerkirschen dazugeben, im Juli/August Aprikosen, Pfirsiche, Brombeeren, Johannisbeeren, Pflaumen und
Mirabellen, im September/Oktober Birnen, Ananas und
Trauben.

Die Früchte jeweils mit Zucker ziehen lassen und zweifingerbreit mit Rum bedecken. Eventuell einen Teller zum Beschweren auf die Früchte legen, damit sie nicht mit Luft in Berührung kommen.

4 Wochen vor dem offiziellen »Anstechen« – am 1. Advent – muß der Topf mit den Früchten ruhen, damit sie sich so richtig mit Alkohol vollsaugen können.

Tip:

Die besten Früchte sind für einen Rumtopf gerade gut genug. Sie dürfen keinerlei faule Stellen haben, weil sonst der Rumtopf ungenießbar wird.

Damit Sie den Rumtopf nicht »vergessen«, ist ein Hinweis auf dem Kalender recht hilfreich.

Fruchtige Beilage

Zarte, nach Rotwein schmeckende Birnenschnitze sind eine hervorragende Beilage zu Wild- und Gänsebraten. Ihre leider nur kurze Haltbarkeit (etwa 3 Wochen) wird wettgemacht durch die schnelle Zubereitung und die gute Geschenkidee.

Birnen in Chianti
(Für 5 Gläser à 300 g)

1 kg Williams Christbirnen
1/2 l guter Chianti Classico
350 g Zucker
4 Nelken
je 1 Zimtstange und 1 Vanilleschote
1 Stück frischer Ingwer
1/4 l Cognac

Die Birnen schälen, halbieren und das Kernhaus entfernen. Den Wein mit dem Zucker, den Nelken, der Zimtstange und der Vanilleschote sowie dem Ingwer aufkochen lassen. Die Birnen dazugeben und etwa 10 Minuten in dem Sud dünsten.
Die Birnen mit einer Schöpfkelle aus der Flüssigkeit nehmen und in die bereitstehenden, peinlich sauberen und heiß ausgespülten Gläser füllen.
Den heißen Sud auf die Birnen gießen, bis sie knapp bedeckt sind. Zum Schluß den Cognac etwa 1 cm hoch über die Früchte gießen und die Gläser gut verschließen.

Tip:
Aus diesen beschwipsten Birnen läßt sich auch eine feine *Herrensuppe* kochen. Dazu Rotwein mit Zucker, Zimtstange und Nelken aufkochen, mit etwas Speisestärke eindicken

und die zerkleinerten Birnenschnitze kurz miterhitzen. Mit einem Klecks geschlagener Sahne servieren.

Gut verwertet

... sind Quitten, wenn sie gekocht und eingelegt darauf warten, zu Wildgerichten und Rinderbraten verzehrt zu werden. Wer viele Quitten hat, sollte sie nicht nur zu Gelee verarbeiten. Ihre vielseitige Verwendbarkeit beweist dieses Rezept.

Quitten in weißem Rum
(Für etwa 5 Gläser à 300 g)

1 kg Quitten
Saft von 1 Zitrone
300 g Zucker
200 g Honig
1 Vanilleschote
1 Zimtstange
4 Nelken
1 Sternanis
gut 1/4 l weißer Rum

Die Quitten gut mit einem Tuch abreiben und waschen. Die Früchte dünn schälen, halbieren und in Schnitze schneiden. Dabei die größeren Kerne entfernen. Etwas Zitronensaft über die Quitten träufeln.
1 Tasse Wasser mit dem restlichen Zitronensaft, dem Zukker, dem Honig und den Gewürzen aufkochen, bis sich der Zucker aufgelöst hat.
Die Quitten hineingeben und zugedeckt etwa 25 Minuten gar ziehen lassen.
Die sauber ausgespülten Gläser bereitstellen, die Quitten

mit einem Schaumlöffel aus dem Sud nehmen und in die Gläser füllen. Dabei die Gewürze entfernen.
Die Gläser mit der Kochflüssigkeit auffüllen und oben gut 1 cm hoch mit weißem Rum bedecken. Sofort luftdicht verschließen und kühl und dunkel aufbewahren.

Tip:
Beschriften Sie stets Ihr Selbstgemachtes mit dem Datum, und achten Sie auf die Haltbarkeit. Die Quitten lassen sich 3 Monate aufbewahren.

Gute Idee

Äpfel haben wir das ganze Jahr über in Hülle und Fülle, so daß sie eigentlich nicht mehr konserviert zu werden brauchen. Aber gerade deshalb schmecken Ginäpfel so gut – stellen sie doch eine Verfeinerung des Alltäglichen dar.

Äpfel im Gintopf
(Für einen 2-l-Topf)

1 kg Äpfel
150 g Sultaninen
500 g Zucker
Saft und Schale von 1 ungespritzten Zitrone
3 Nelken
1 Zimtstange
1 Flasche Gin

Die Äpfel waschen, schälen, vierteln und das Kernhaus entfernen. In dünne Scheiben schneiden.
Die Früchte mit den gewaschenen Sultaninen in eine Schüssel geben.
Mit dem Zucker, dem Zitronensaft und der Zitronenschale

vermischen. Die Nelken und die Zimtstange dazugeben und zugedeckt mindestens 6 Stunden ziehen lassen.

Die Gewürze entfernen und die Früchte in den Topf schichten.

Die Flasche Gin darübergießen. Dabei müssen die Früchte zweifingerbreit mit Gin bedeckt sein. Den Topf luftdicht verschließen und die Früchte mindestens 4 Wochen ziehen lassen, bevor sie verzehrt werden.

Tip:
Probieren Sie doch mal einen Apfelkuchen mit Ginäpfeln. Dafür die Früchte gut abtropfen lassen und den Kuchenboden mit Semmelbröseln bestreuen, damit er nicht zu sehr durchweicht.

Aller guten Dinge sind drei

Wenn Sie Cognac pur nicht mögen, probieren Sie unsere Rezeptvorschläge, die als Willkommenstrunk für Gäste oder als Grundlage für eine Bowle (Himbeeren in Cognac) sehr gut geeignet sind.

Cognac Sour
(Für 1 Glas)

> *4 cl Cognac*
> *2 cl Zitronensaft*
> *1 cl Zuckersirup*
> *Sodawasser*

Alle Zutaten in einem Shaker mit Eis schütteln und mit etwas Sodawasser auffüllen. In weiten Gläsern servieren.

Cognac Framboise
(Für 1 Glas)

1 EL in Cognac eingelegte Himbeeren (fertig gekauft)
1 EL Saft (der Himbeeren)
trockener Sekt

Die Himbeeren mit dem Saft in eine Sektflöte geben und mit
Sekt auffüllen. Sofort servieren.

Himbeeren in Cognac
(Für 1 großes Einmachglas)

500 g frische Himbeeren
200 g Zucker
1 Flasche Cognac

Die Himbeeren in einem Sieb vorsichtig waschen und gut
abtropfen lassen.

Mit dem Zucker in ein gut verschließbares Gefäß füllen und mit Cognac übergießen. Das Gefäß längere Zeit stehenlassen und ab und zu vorsichtig umrühren.

Tip:
Hochprozentiger Cognac eignet sich auch vorzüglich zum Flambieren. Geben Sie beispielsweise an ein saftiges Rindersteak 2 Eßlöffel eingelegte Himbeeren, übergießen das Ganze mit Cognac und zünden es an. Beim Flambieren ist allerdings äußerste Vorsicht geboten.

Beschwipst

... präsentieren sich blaue Trauben im Einmachglas. Das sieht nicht nur recht hübsch aus, sondern schmeckt auch wunderbar. Eine Traubenbowle ist damit jederzeit machbar, denn schließlich sind die herrlichen Beeren nicht ganzjährig erhältlich bzw. außerhalb der Saison unverhältnismäßig teuer.

Eingelegte Trauben
(Für etwa 3 Gläser à 400 g)

1 kg blaue Weintrauben
1/8 l Rotweinessig
1/4 l trockener Rotwein
350 g Puderzucker
2 Gewürznelken
1 Zimtstange
2 cl Sherry

Die Trauben waschen, gut abtrocknen und entstielen. In ein Gefäß geben.
1 Tasse Wasser, den Essig und den Rotwein mischen und

über die Früchte gießen. Die Flüssigkeit mindestens 6 Stunden einziehen lassen.

Die Trauben in ein Sieb schütten und die Flüssigkeit auffangen. Den Sud mit dem Puderzucker, den Nelken und der Zimtstange aufkochen.

Die Trauben in den Gläsern verteilen. Den erkalteten Sud durch ein Sieb darübergießen. 1 Tag später den Sud nochmals abgießen und aufkochen.

Den Sherry in den erkalteten Sud geben und die Gläser damit füllen. Gut verschließen und im Vorratsregal aufbewahren.

Tip:
Beschriften Sie alle Ihre Gläser und Flaschen, denn die Haltbarkeit ist begrenzt. Die Trauben haben etwa $1/2$ Jahr Haltbarkeit. Wenn Sie sie ganz in hochprozentigen Alkohol einlegen, können Sie sie länger aufbewahren.

Ganz schön stark

... ist dieser Früchtetopf, der selbstverständlich nicht pur genossen wird, sondern Eis, Puddings und Omeletts verfeinert. Er ist aber auch – mit Sekt aufgegossen – der richtige Stimmungsmacher für Partys.

Früchtetopf »Westcoast«

350 g frische Ananas
350 g frische Pfirsiche
350 g ungeschwefelte Rosinen
3 Gewürznelken
10 g frischer Ingwer
2 Vanilleschoten
1/2 l weißer Rum (40 %iger)
350 g brauner Zucker

Mit einem scharfen Messer den Blütenansatz und Stiel von der Ananas entfernen und diese schälen. Das Fruchtfleisch vierteln und den harten Kern entfernen. In mundgerechte Stücke schneiden.
Die Pfirsiche kurz in heißes Wasser legen, enthäuten, halbieren, entkernen und ebenfalls in Stücke schneiden.
Die Früchte mit den Rosinen, den Nelken, dem in kleine Stücke geschnittenen Ingwer und den halbierten, aufgeschlitzten Vanilleschoten in einen genügend großen Steinguttopf füllen.
Den Rum und den Zucker so lange verrühren, bis sich der Zucker aufgelöst hat.
Über die Früchte gießen und gut verschlossen an einem kühlen Ort aufbewahren.

Tip:
Ein solcher Früchtetopf ist sehr schnell zubereitet und kann

– sofern Sie einen entsprechenden Topf im Vorratsregal
haben – aus der Verlegenheit helfen, wenn Sie überra-
schend ein Geschenk brauchen.

Eine schöne Suppe

... ist die friesische Bohnensuppe, die mit Bohnen nur den Namen gemein hat. Und sie ist beileibe nicht zum Mittagstisch zu empfehlen, auch wenn die Friesen sie mehr löffeln als trinken sollen.

Ostfriesische Bohnensuppe

250 g ungeschwefelte Rosinen
100 g weißer Kandiszucker
1 Flasche guter Korn

Die Rosinen waschen und in ein breites Glas mit Schnappverschluß geben.
Den Kandiszucker dazugeben.
Mit dem Korn übergießen, bis die Früchte zweifingerbreit bedeckt sind; gut schütteln.
Die Suppe einige Zeit ziehen lassen, bis sich der Zucker aufgelöst hat und die Früchte mit Alkohol vollgesogen sind. Gegebenenfalls noch etwas Korn nachgießen.

Tip:
Die Suppe sollte pur nur in Maßen genossen werden. Sie ist zum Pudding, als Bowle, zum Verfeinern von Soßen und in Obstsalaten eher bekömmlich.
Zum Verschenken einen hübschen Löffel oder eine Minikelle ans Glas hängen.
Variante: 1 Eßlöffel Mandelstifte mit den Rosinen vermischen und 1 Vanillestange dazugeben.

Mal etwas anderes

Trockenobst steht wieder hoch im Kurs, ist es doch zum Knabbern und als Kompott in der kalten Jahreszeit eine willkommene Abwechslung. Aber auch in Alkohol eingelegt entfaltet es seine Geschmacksstoffe. Probieren Sie es aus.

Trockenobst in Calvados

400 g gemischtes, ungeschwefeltes Backobst
100 g geschälte Mandeln
100 g ungeschwefelte Rosinen
450 g weißer Kandiszucker
1 Zimtstange
1 Vanilleschote
2 Sternanis
1 l Calvados

Das Backobst gut waschen und trockentupfen. Mit den Mandeln und den gewaschenen Rosinen in einen entsprechenden Topf schichten.
1/4 l Wasser mit dem Zucker, der Zimtstange und der aufgeschlitzten Vanilleschote sowie dem Sternanis zum Kochen bringen und den Zucker auflösen lassen.
Den erkalteten Sirup über die Früchte geben und diese quellen lassen.
Dann mit Calvados aufgießen, bis das Gefäß gefüllt ist.
Den Topf gut verschließen, kühl und trocken lagern und erst nach 6 Wochen zum Verbrauch öffnen.

Tip:
Das eingelegte Trockenobst schmeckt ganz besonders gut zu Sauerbraten und Wildgerichten. Und probieren Sie mal ein saftiges Rindersteak, bei dem der Bratenfond mit etwas Flüssigkeit und Obst losgekocht wurde.

Ein Hauch Exotik

Früchte aus fernen Ländern sind heute bei uns keine Seltenheit mehr, aber nicht gerade billig. Dennoch lohnt es sich, sie für diesen Früchtetopf zu kaufen, denn er ist das Pendant zu unserem wohlbekannten Rumtopf.

Exotischer Früchtetopf

1 Flasche weißer Rum
600 g Zucker
1 Mango
250 g Litschis
250 g Kumquats
1 rotfleischige Grapefruit
3 Kiwis
1 Limette
1 mittelgroße Ananas

Etwa 1/4 l Rum erwärmen (nicht kochen) und den Zucker darin auflösen.

Die Mango waschen, halbieren, den Kern herauslösen, das Fruchtfleisch von der Schale lösen und in kleine Stücke schneiden.

Die Litschis vorsichtig schälen und entkernen.

Die Kumquats waschen und mit einer Nadel mehrmals einstechen.

Die Grapefruit schälen, in Schnitze teilen, in Stücke schneiden und dabei die Kerne entfernen.

Die Kiwis schälen und ebenfalls in Stücke schneiden.

Die Limette waschen und in feine Scheiben teilen.

Die Ananas von Stengelansatz und Blattkrone befreien und mit einem scharfen Messer schälen. 4mal längs durchschneiden und den Strunk entfernen. Das Fruchtfleisch in Stücke schneiden.

Alle Früchte in einen Steinguttopf geben und mit der Rum-Zucker-Lösung begießen. Gut verrühren und mit dem restlichen Rum auffüllen. Die Früchte müssen gut 2 cm mit Rum bedeckt sein. Den Topf gut verschließen und nach 4 Wochen »anstechen«.

Tip:
Der exotische Rumtopf kann an einem Tag zubereitet werden, und wenn die eine oder andere Frucht fehlt, kann sie durch einheimische oder tiefgekühlte bzw. gut abgetropfte Dosenfrüchte ersetzt werden.

Pasteten und Pies

Zart und edel

Bei Fischliebhabern liegen Sie mit dieser Pastete genau richtig: Zarte Forellen und feine Shrimps sind die Zutaten für diese lockere, leichte Vorspeise. Mit entsprechender Terrine ist dieses »Hausgemachte« eine ausgezeichnete Geschenkidee.

Forellenterrine
(Für 8 Scheiben)

> 2 küchenfertige Forellen (je 250 g)
> 2 Eiweiß
> Salz
> 2 Eier
> 1/4 l süße Sahne
> weißer Pfeffer aus der Mühle
> 2 TL Himbeeressig
> 2 Bund gemischte Kräuter
> 200 g frische Shrimps
> Butter zum Einfetten
> Petersilie und Tomatenstückchen zum Verzieren

Die Forellen innen und außen waschen und trockentupfen. Den Kopf und die Flossen mit der Schere abschneiden. Die Fische mit einem scharfen Messer filetieren und die Haut ablösen. Noch vorhandene Gräten mit der Pinzette herausziehen.

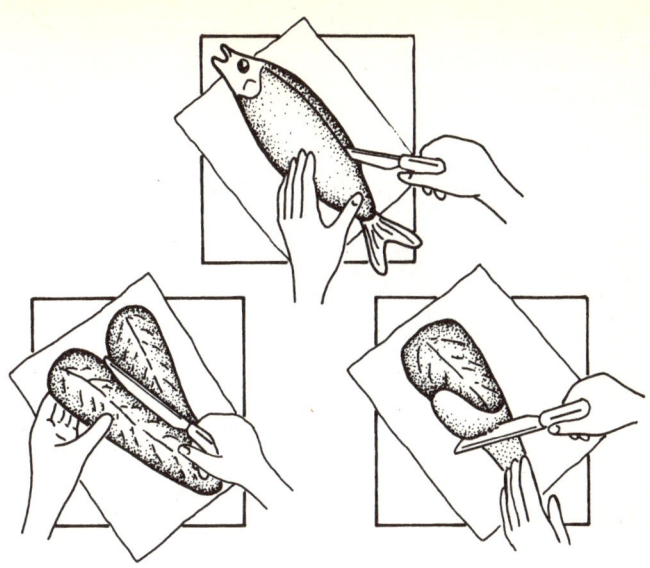

Das Forellenfleisch mit dem Eiweiß und Salz in der Küchenmaschine fein pürieren und durch ein Sieb streichen. 20 Minuten ins Gefrierfach stellen.

Die Eier trennen und die Eigelbe zusammen mit der gekühlten Sahne unter die Fischmasse heben.

Mit Salz, Pfeffer und dem Essig abschmecken und abermals 10 Minuten ins Gefrierfach stellen.

Die Kräuter waschen, trockentupfen und fein hacken.

Die Shrimps abspülen und gut abtrocknen.

Die Eiweiße mit 1 Prise Salz zu steifem Schnee schlagen und vorsichtig unter die Fischmasse heben. Ein Drittel der Farce entnehmen und mit den Kräutern vermischen.

Eine Kastenform einfetten und zuerst die Kräuterfarce hineingeben. Dann mit Shrimps und der hellen Farce auffüllen. Die Form in die mit heißem Wasser gefüllte Fettpfanne des

Backofens stellen und bei 150 Grad etwa 50 Minuten garen. In der Form abkühlen lassen und mit Petersilie und Tomatenstückchen garniert zu heißem Toast und einem Gläschen Aquavit servieren.

Aus britischer Küche

. . . kommt dieser Pie, der so richtig herzhaft schmeckt. Und wenn man von der britischen Küche im allgemeinen nichts Gutes hört, im Piezubereiten sind die Inselbewohner meisterhaft. Hier ein Rezeptvorschlag für alle Tage.

Schweinefleisch-Apfel-Pie
(Für 4 Personen)

> *250 g Mehl*
> *1/4 TL Salz*
> *75 g Schmalz*
> *3 EL Milch*
> *500 g Jungschweinefleisch*
> *2 EL Öl*
> *Salz*
> *frisch gemahlener Pfeffer*
> *2 mittelgroße Äpfel*
> *2 Zwiebeln*
> *1 kg Kartoffeln*
> *1 TL gehackter Salbei*
> *30 g Butter*
> *1/8 l Fleischbrühe*
> *1 Eigelb*

Das Mehl und das Salz in eine Schüssel geben.
Das Schmalz, die Milch und 3 Eßlöffel Wasser erwärmen. Wenn das Schmalz zergangen ist, eßlöffelweise unter das Mehl gießen, bis sich der Teig zu einem festen Kloß formen läßt.
Auf einer bemehlten Arbeitsfläche noch einige Minuten kneten und eventuell noch etwas Wasser hinzufügen. Einen Kloß formen, mit einem feuchten Küchentuch bedecken und 30 Minuten ruhen lassen.

Das Fleisch in kleine Stücke schneiden, im Öl anbraten und mit Salz und Pfeffer würzen.

Die Äpfel schälen, vierteln, das Kerngehäuse entfernen und in dünne Scheiben schneiden.

Die Zwiebeln und Kartoffeln ebenfalls schälen und in Scheiben schneiden.

Eine Auflaufform mit Fett bestreichen und das Fleisch, die Apfelscheiben, die Zwiebel- und die Kartoffelscheiben einfüllen. Die Schichten mit Salbei, Salz und Pfeffer bestreuen.

Die Butter in Flöckchen daraufsetzen und mit der Brühe begießen.

Den Teig ausrollen und die Form damit bedecken und verzieren. Ein paarmal einstechen, damit Dampf entweichen kann.

Den Teig mit dem Eigelb bestreichen und im Backofen bei 200 Grad etwa 60 Minuten backen; heiß mit Salat der Saison servieren.

Wild auf Wild

Ein Festessen wird diese Pastete, wenn Sie sie aus einer Wildente zubereiten. Sie ist in guten Lebensmittelgeschäften tiefgekühlt erhältlich, oder Sie besorgen sich gleich eine frische Ente. Die Pastete wird kalt mit Preiselbeeren serviert. Wahrlich ein Genuß!

Entenpastete
(Für etwa 8 Scheiben)

> 500 g Mehl
> 1 Ei
> 250 g Butter
> 1 TL Salz
> 1 Wildente
> 3 cl Aquavit
> 1 Zwiebel
> 300 g frische Champignons
> 1 EL Sherryessig
> 3 EL Semmelbrösel
> 3 EL flüssige Sahne
> Salz
> weißer Pfeffer aus der Mühle
> gerebelter Thymian
> 1 Prise gemahlener Koriander
> 200 g gekochter Schinken
> 1 Eigelb

Das Mehl zusammen mit dem Ei, der Butter, dem Salz und etwas Wasser in der Küchenmaschine zu einem geschmeidigen Teig kneten; zugedeckt in den Kühlschrank legen.
Die aufgetaute Ente mit einem scharfen Messer enthäuten und das Fleisch von den Knochen lösen. Die abgewaschenen Innereien und das Fleisch in Würfel schneiden. Mit

dem Aquavit vermischen und einige Stunden durchziehen lassen.

Die Zwiebel schälen, vierteln und mit den geputzten Champignons und dem Fleisch in der Küchenmaschine zerkleinern. Den Essig dazugeben.

Die Semmelbrösel unterkneten und die Füllung mit der Sahne, Salz, Pfeffer, Thymian und Koriander abschmekken.

Den Schinken in Streifen schneiden.

Den Teig auf einer bemehlten Arbeitsfläche ausrollen und eine gefettete Kastenform damit auskleiden. Den restlichen Teig für den Deckel und für Verzierungen zuschneiden.

Die Füllung mit den Schinkenstreifen in die Form geben, den Teigdeckel mit 3 Löchern versehen, auflegen und fest andrücken; nach Belieben verzieren.

Das Eigelb verquirlen, die Pastete damit bestreichen und bei 180 Grad etwa 60 Minuten backen. Noch einige Minuten im abgeschalteten Ofen ruhen und dann erkalten lassen.

Klassisch

... ist eine Leberpastete, die aus eigener Küche besser, da individueller, schmeckt. Sie können die Zutaten nach Ihrem Belieben ändern, sollten jedoch darauf achten, daß die Maße und Gewichte eingehalten werden. Auch frische Kräuter, beispielsweise Salbei oder Thymian, machen sich gut.

Leberpastete
(Für etwa 6 Portionen)

500 g Rinderleber
280 g fetter Speck
12 mit Paprika gefüllte Oliven
2 mittelgroße Karotten
1 große Zwiebel
20 g Butter
1 EL Mehl
1/8 l Milch
Salz
frisch gemahlener weißer Pfeffer
2 Eier
1 cl Sherry
Semmelbrösel für die Form

Die Leber und den Speck grob schneiden und zusammen mit den Oliven in der Küchenmaschine fein pürieren.
Die Karotten waschen, schälen und die Enden abschneiden.
Die Zwiebel schälen, fein würfeln und in der erhitzten Butter glasig braten.
Das Mehl kurz darin anschwitzen und mit der Milch ablöschen; durchkochen lassen.
Das Lebergemisch mit Salz und Pfeffer würzen und die Eier, den Sherry sowie die Soße unterrühren.
Eine Pastetenform einfetten, mit Semmelbröseln ausstreuen

und die Hälfte der Lebermasse einfüllen. Die Karotten darauflegen und mit der anderen Hälfte der Lebermasse bedecken. Die Form mit Pergamentpapier und dem Deckel verschließen.

Die Form in die mit heißem Wasser gefüllte Fettpfanne des Backofens stellen und bei 150 Grad etwa 80–90 Minuten garen.

Den Deckel abnehmen, die Form mit einem Küchenbrett und Konservendosen beschweren und einige Stunden auskühlen lassen.

Tip:
Die Pastete schmeckt auch mit der billigeren Schweineleber oder halb und halb sehr gut.

Wenn Gäste kommen

... ist diese Pastete als Vorspeise genau richtig. Sie enthält ausgesuchte Zutaten und ist auch optisch eine Augenweide. Beim Stürzen ist Vorsicht geboten, damit das Teiggebilde nicht zerbricht.

Schweinefiletpastete
(Für etwa 8 Scheiben)

500 g Mehl
1 Ei
250 g Butter
1 TL Salz
15 g getrocknete Steinpilze
500 g Schweinefilet
2 Zwiebeln
200 g mildgeräucherter, fetter Speck
1 Päckchen gemischte tiefgekühlte Kräuter
25 g gehackte Pistazien
1 Ei
4 EL Sahne
1 TL Pastetengewürz
Salz
frisch gemahlener weißer Pfeffer
2 kleine gepökelte, gekochte Schweinezungen (je 200 g)
1 Eigelb

Das Mehl auf eine Arbeitsfläche sieben und in die Mitte eine Mulde drücken.
Das Ei hineingeben und die Butter in Flocken um die Mulde verteilen.
Das Salz und 2–3 Eßlöffel Wasser dazugeben und alles mit einem langen Messer vermischen, dann mit den Händen zu einem Teig kneten.

Gut 2 Stunden in den Kühlschrank stellen.

Die Steinpilze mit lauwarmem Wasser übergießen und 20 Minuten quellen lassen.

Das Filet häuten und die Zwiebeln schälen und vierteln und mit dem Speck sowie den abgetropften Pilzen in der Küchenmaschine zerkleinern.

Mit den angetauten Kräutern, den Pistazien, dem Ei und der Sahne vermischen. Mit Pastetengewürz, Salz und Pfeffer abschmecken.

Die Schweinezungen in etwa 1 cm dicke Würfel schneiden.

Den Teig etwa 4 mm dick ausrollen und eine gefettete Kastenform damit auskleiden; den restlichen Teig aufbewahren.

Ein Drittel der Füllung in die Form geben, danach abwechselnd Zungenwürfel und Füllung darauflegen, bis alles verbraucht ist.

Aus dem restlichen Teig einen entsprechenden Deckel ausrollen, den Rand der Form mit verquirltem Eigelb bestreichen und den Deckel fest andrücken. 2 kleine Löcher ausstechen und den Deckel mit den Teigresten verzieren. Ebenfalls mit Eigelb bestreichen.

Die Pastete im vorgeheizten Ofen bei 230 Grad 10 Minuten anbacken und bei 200 Grad in etwa 35 Minuten fertig backen.

Feines aus dem Steinguttopf

Unter zarter Blätterteighülle verbirgt sich ein leckeres Innenleben, das sich zum Probieren lohnt. Servieren Sie den Pie heiß und in der Form. Ein Altbier sollte dazu nicht fehlen.

Nierenpie
(Für 4 Portionen)

1 Packung tiefgekühlter Blätterteig
500 g Rindfleisch aus der Keule
250 g Kalbsnieren
1 EL Mehl
2 kleine Zwiebeln
125 g frische Champignons
2 EL Schweineschmalz
1/8 l Rotwein
1/4 l Fleischbrühe
1 TL Salz
1/2 TL schwarzer Pfeffer
1/4 TL Thymian
1/4 TL Worcestersoße
1 Eigelb
1 EL Sahne

Den Blätterteig in etwa 35 Minuten auftauen lassen.
Das Fleisch und die gut gewässerten Nieren in etwa 2 cm große Würfel schneiden. In eine Schüssel das Mehl geben und das Fleisch darin wenden.
Die Zwiebeln schälen und fein würfeln.
Die Champignons waschen (wenn nötig), putzen und in Scheiben schneiden.
Das Schmalz in einer Pfanne heiß werden lassen und das Fleisch und die Nieren ringsherum bräunen; in eine feuerfeste Form geben.

Im Bratenfond die Zwiebeln und Champignons anbraten und zum Fleisch geben.

Den Fond mit dem Rotwein und der Brühe lösen und mit den Gewürzen pikant abschmecken. Die Brühe aufkochen lassen und über das Fleisch geben.

Den Blätterteig zu einem passenden Deckel für die Form ausrollen, ebenso einen 2 cm breiten Streifen. Den Streifen mit Wasser befeuchten und so an den Innenrand der Form drücken, daß auch die Oberkante bedeckt ist.

Mit Wasser bepinseln, den Teigdeckel darauflegen und fest andrücken. In die Mitte ein kleines Loch schneiden, damit der Dampf entweichen kann.

Das Eigelb mit der Sahne verquirlen und die Oberfläche damit bestreichen. Im vorgeheizten Backofen zuerst 20 Minuten bei 225 Grad, dann etwa 60 Minuten bei 150 Grad backen.

Besonders dekorativ

. . . ist diese Terrine, die zwar nicht ganz billig ist, aber Ihr Können unter Beweis stellt. Damit werden Sie Feinschmekker beeindrucken. Sie macht sich auch gut bei einem festlichen kalten Büfett.

Kalbfleisch-Kräuter-Terrine
(Für 6–8 Scheiben)

2 Stück Schweinefilet (à 200 g)
100 g Gänseleberpastete
2 TL grüner Pfeffer
4 cl Aquavit
weißer Pfeffer aus der Mühle
20 g Butterschmalz
500 g mageres Kalbfleisch
125 g fetter Speck am Stück
1 kleine Zwiebel
2 Bund gemischte Kräuter der Saison
25 g gehackte Pistazien
2 Eier
100 g Crème fraîche
3 EL Semmelbrösel
Salz
Pastetengewürz
1 ungespritzte Zitrone
150 g hauchdünne Scheiben fetter Speck

Die Schweinefilets längs tief einschneiden.
Die Gänseleberpastete mit dem zerdrückten grünen Pfeffer und 2 cl Aquavit vermischen und in die Filets füllen.
Mit Pfeffer würzen und vorsichtig im heißen Butterschmalz rundherum anbraten.
Mit Folie bedeckt abkühlen lassen.

Das Kalbfleisch mit dem Speck und der geschälten Zwiebel 2mal durch die feine Scheibe des Fleischwolfs drehen.

Die Kräuter waschen, abtupfen, fein hacken und zusammen mit den Pistazien, den Eiern, der Crème fraîche, den Semmelbröseln und dem restlichen Aquavit zum Fleisch geben und einen Teig kneten.

Mit Salz, Pfeffer, Pastetengewürz, der abgeriebenen Zitronenschale und dem Zitronensaft fein abschmecken.

Eine Kastenform so mit den dünnen Speckscheiben auskleiden, daß die Scheiben über den Rand hinaushängen. Ein Drittel der Fleischmasse hineingeben und die Filets darauflegen. Mit dem restlichen Fleischteig und den überhängenden Speckscheiben bedecken. Nach Belieben mit Gewürzen garnieren.

Die Terrine in die mit heißem Wasser gefüllte Fettpfanne des Backofens geben und etwa 60 Minuten bei 180 Grad garen. Danach das Fett vorsichtig abgießen.

Die Terrine mit einem Brettchen und 2 Konservendosen beschweren und über Nacht abkühlen lassen. Entweder stürzen (dann den Speck entfernen) oder in der Form aufschneiden.

Gesundes Innenleben

Es müssen nicht immer erlesene Zutaten sein, die unter feinem Teig verborgen sind. Aus vielerlei Gemüse und beispielsweise mit Schinken oder Wurst können ebenfalls wohlschmeckende Pasteten zubereitet werden, die der ganzen Familie mit Sicherheit munden.

Spinatpastete
(Für 4 Personen)

1 kg frischer Spinat
Salz
1 Ei
2 gehäufte EL Semmelbrösel
frisch gemahlene Muskatnuß
1 Packung tiefgekühlter Blätterteig
10 Scheibletten oder anderer Käse
200 g gekochter Schinken
frisch gemahlener schwarzer Pfeffer
1 Ei
Backspray

Den Spinat putzen, waschen und in einem großen Topf in wenig kochendem Salzwasser kurz zusammenfallen lassen.

Gut abgetropft mit dem Ei und den Semmelbröseln vermischen; gemahlene Muskatnuß darüberstreuen.

Den Blätterteig auftauen lassen und 2/3 in der Größe einer Auflaufform (24 cm Durchmesser) ausrollen. Die Form mit Backspray einfetten und mit dem Blätterteig auslegen.

Den Teigboden mit 5 Käsescheiben bedecken, darauf die Hälfte des Spinats geben.

Den Schinken in Streifen schneiden und ebenfalls darüberlegen. Mit etwas Spinat bedecken und mit Pfeffer bestreuen. Den restlichen Käse daraufgeben und zum Schluß den Rest des Spinats.

Den übrigen Blätterteig als Deckel ausrollen, darüberlegen und leicht andrücken. In der Mitte über Kreuz einschneiden. Nach Belieben verzieren, mit verquirltem Ei bestreichen und bei 200 Grad etwa 45 Minuten backen. Warm servieren.

Tip:
Auch Lauch und Zucchini sowie Tomaten schmecken unter der Blätterteighaube vorzüglich. Wer es ganz vegetarisch mag, kann mit Kräutern und Nüssen für Abwechslung sorgen.

Nahrhaft

... ist diese Pastete, zu der auch übriggebliebene Fleisch-
oder Gemüsereste verwendet werden können. Sie schmeckt
warm und kalt und ist beispielsweise zum Picknick oder für
die Gartenparty ein originelles Mitbringsel.

Hausmacherpastete
(Für etwa 8 Scheiben)

> *1 Packung tiefgekühlter Blätterteig*
> *300 g gekochte Rinderlunge*
> *200 g gekochter Schweinebraten*
> *1 Zwiebel*
> *4 Eier*
> *1/8–1/4 l Fleischbrühe*
> *350 g gekochter Schinken*
> *150 g gekochter Reis*
> *frisch gemahlener schwarzer Pfeffer*
> *Salz*
> *einige Spritzer Tabasco*
> *2 EL geriebener Parmesankäse*
> *1 Eigelb*
> *etwas Milch*

Den Blätterteig nach Vorschrift auftauen lassen, ausrol-
len und eine Kastenform (Länge 26 cm) damit ausklei-
den.
Einen Rest für den Deckel übriglassen.
Die Lunge, den Braten und die geschälte und geviertelte
Zwiebel mit den Eiern und etwas Fleischbrühe in der
Küchenmaschine grob oder fein pürieren.
Die Masse in eine große Schüssel geben. Den Schinken
würfeln und zusammen mit dem Reis untermischen.
Die restliche Fleischbrühe dazugeben, bis eine weiche Masse

entsteht; mit Pfeffer, Salz, Tabasco und dem Parmesankäse abschmecken.

Die Masse in die vorbereitete Kastenform füllen, fest andrücken und den Teigdeckel aus dem restlichen Blätterteig ausrollen. Auf die Kastenform fest andrücken und mit der Gabel einige Löcher einstechen.

Das Eigelb mit Milch verquirlen und den Teigdeckel damit bestreichen.

Die Pastete im vorgeheizten Backofen bei 200 Grad etwa 60 Minuten backen.

Tip:
Die Pastete darf auf keinen Fall zu trocken werden. Deshalb muß bei der Garprobe mit einem Holzstäbchen darauf geachtet werden, daß zwar kein Teig mehr hängenbleibt, die Pastete sich aber noch weich anfühlt.

Für Festtage

. . . ist diese Pastete mit Hasenfleisch gedacht, die mit Blut-orangenscheiben und Toast serviert wird. Wetten, daß die Gäste dieses Rezept gleich haben wollen?

Hasenpastete
(Für etwa 8 Scheiben)

> *1 Packung tiefgekühlter Blätterteig*
> *380 g rohes Hasenfleisch von der Keule*
> *250 g Hühnerinnereien*
> *200 g mageres Schweinefleisch*
> *100 g durchwachsener Speck*
> *1 große Zwiebel*
> *10 g Butter*
> *4 EL Sherry*
> *2 Eier*
> *1/8 l Sahne*
> *1 ungespritzte Zitrone*
> *Pastetengewürz*
> *frisch gemahlener schwarzer Pfeffer*
> *Salz*
> *Nelkenpulver*
> *4–6 EL Semmelbrösel*
> *1 Eigelb*

Den Blätterteig auftauen lassen.
Das Fleisch und die Innereien waschen, abtrocknen und ebenso wie den Speck in grobe Stücke schneiden.
Die Zwiebel schälen, würfeln und in der zerlassenen Butter glasig braten.
Fleisch-, Speck- und Zwiebelwürfel in der Küchenmaschine zerkleinern.
Den Sherry, die Eier und die Sahne unterrühren.

Mit der abgeriebenen Zitronenschale, etwas Zitronensaft, Pastetengewürz, Pfeffer, Salz und Nelkenpulver pikant würzen. Soviel Semmelbrösel untermischen, daß eine geschmeidige Masse entsteht.

Den Blätterteig ausrollen, etwas für den Deckel übriglassen und eine mit Wasser ausgespülte Kastenform damit auskleiden. Es darf nirgendwo ein Loch sein. Anschließend die Fleischmasse einfüllen.

Aus dem restlichen Blätterteig einen Deckel ausradeln und gut an die Seiten andrücken. Den Deckel verzieren und mehrmals einstechen. Mit Eigelb bestreichen und im vorgeheizten Backofen bei 180 Grad etwa 65 Minuten backen.

Ist die Pastete ausgekühlt, vorsichtig auf ein Kuchengitter stürzen, mehrere Stunden ruhen lassen und auf einer Platte dekorativ mit Orangenscheiben anrichten.

Köstliches Eingemachtes

Aromatisch

Marmelade selbst einzukochen – das ist und bleibt nun einmal ein bevorzugtes Gebiet der engagierten Hausfrauen (und neuerdings auch Männer). Schließlich ist so eine hausgemachte Marmelade mit keiner industriell gefertigten vergleichbar, denn die selbsthergestellten Marmeladen und Konfitüren werden immer raffinierter.

Johannisbeerkonfitüre mit Schuß
(Für etwa 4 Gläser à 450 g)

> *1 kg rote und schwarze Johannisbeeren*
> *1 kg Gelierzucker*
> *4 d Orangenlikör*
> *Cellophanblättchen*

Die Johannisbeeren waschen, gut abtropfen lassen und mit der Gabel von den Rispen befreien.
Die Hälfte der Früchte mit dem Pürierstab zerkleinern. Mit der anderen Hälfte und dem Gelierzucker vermischt unter ständigem Rühren in einem großen Topf zum Kochen bringen. Gut 1 Minute kochen lassen.
Die Konfitüre vom Herd nehmen und den Orangenlikör unterrühren.
Sauber ausgespülte Gläser bereitstellen und die Konfitüre einfüllen. Auf jedes Glas ein in Orangenlikör getauchtes Cellophanblättchen legen und mit einem in Wasser ange-

feuchteten Cellophan verschließen sowie mit einem Gummiring abdichten.

Tip:
Wenn Sie die Gläser mit Twist-off-Deckeln verwenden, ist
das Verschließen der Gläser einfacher und die Gefahr der
Schimmelbildung ist geringer, sofern Sie peinlich sauber
arbeiten.

Selbst gepflückt

... und eingemacht – diesen Spaß sollte sich niemand nehmen lassen, schon gar nicht, wenn damit ein Erholungsef-
fekt verbunden ist. Gehen Sie mit der ganzen Familie auf
»Heidelbeerfang«. Am Abend gibt es dann Heidelbeeren
mit Milch oder Sahne, und was übrigbleibt, wird zu leckerer
Konfitüre verarbeitet.

Heidelbeerkonfitüre
(Für etwa 5 Gläser à 450 g)

1 kg Heidelbeeren
20 g Gelierpulver
1 kg Zucker
2 cl Gin

Die Heidelbeeren gut verlesen und zerdrücken. Das Pulver
unter den Fruchtbrei rühren.
Den Fruchtbrei bei kleiner Hitze unter Rühren zum Kochen
bringen. Bei Kochbeginn den Zucker hinzufügen und alles
1 Minute sprudelnd kochen lassen.
Die Konfitüre vom Herd nehmen und den Gin unterrühren.
Gläser mit Twist-off-Deckeln bereitstellen und die Konfitüre einfüllen.

Die Gläser sofort verschließen, abkühlen lassen und beschriften; kühl und trocken lagern.

Tip:
Wenn Sie nicht sicher sind, ob Ihre Konfitüre gut geliert,
sollten Sie die *Gelierprobe* machen. Dazu einen Tropfen Konfitüre auf einen kalten Teller geben. Erstarrt der Tropfen,
geliert die Konfitüre mit Sicherheit. Ansonsten noch etwas
Gelierpulver dazugeben und aufkochen lassen. Viele Konfitüren sind allerdings erst nach einigen Tagen so richtig fest.

Harmonisch

Himbeeren und Ananas, das sind zwei Früchte, die durchaus zusammenpassen, obwohl sie viele Tausende von Kilo-
metern voneinander entfernt wachsen. Und die unterschied-
lichen Erntezeiten? Mit Tiefkühltruhen ist das heute kein
Problem mehr.

Himbeer-Ananas-Konfitüre
(Für etwa 7 Gläser à 300 g)

650 g tiefgefrorene Himbeeren
250 g frische Ananas
1 kg Gelierzucker
2 cl Campari

Die Himbeeren auftauen lassen.
Die Ananas von Blattkrone und Stiel befreien und vierteln.
Den weißlichen Strunk längs abschneiden und das Fruchtfleisch mit einem großen Messer von der Schale lösen.
250 g Fruchtfleisch abwiegen und in kleine Stückchen
schneiden. Den Rest als Dessert verwenden.
Ananas und Himbeeren mit der Hälfte des Gelierzuckers
mischen und 24 Stunden zugedeckt stehenlassen.
Die Masse unter Rühren zum Kochen bringen und bei
Kochbeginn den restlichen Gelierzucker hinzufügen. Gut
4 Minuten sprudelnd kochen lassen.
Die Konfitüre vom Herd nehmen und den Campari unterrühren. In vorbereitete Gläser füllen, mit Twist-off-Deckeln
verschließen und ab und zu umdrehen, damit sich die
Früchte gut verteilen.

Tip:
Gelierzucker, flüssiges Geliermittel und Gelierpulver machen das Einkochen von Marmelade und Konfitüre zum

Kinderspiel. Die langen Einkochzeiten sind damit passé. Halten Sie sich aber bitte genau an die Anleitungen, dann gelingt die Konfitüre bestimmt.

Die Früchte des Meeres

Muscheln sind nicht überall und zu jeder Zeit zu bekommen. Warum also nicht einlegen und sich einen Vorrat schaffen? Wer diese Meeresfrüchte mag, muß sie unbedingt eingelegt probieren!

Eingelegte Muscheln
(Für etwa 2 Gläser à 200 g)

2 kg Miesmuscheln
1/2 l trockener Weißwein
1 Lorbeerblatt
2 Petersilienzweige
1/4 TL Thymian
1/2 TL Salz
2 Knoblauchzehen
6 kleine rote Chilischoten
Rosmarin
etwa 1/4 l kaltgepreßtes Olivenöl

Die Miesmuscheln waschen, bürsten und entbarten.
Den Wein mit dem Lorbeerblatt, der Petersilie, dem Thymian und dem Salz zum Kochen bringen und 3 Minuten durchkochen lassen.
Die Miesmuscheln in den Sud geben und so lange kochen lassen, bis sie sich öffnen. Dabei den Topf ab und zu rütteln, damit die Muscheln gleichmäßig gar werden.
Die Muscheln aus dem Sud nehmen und das Fleisch von den Schalen lösen.

Die Knoblauchzehen schälen und in feine Scheiben schneiden.

Die Chilischoten waschen, längs einschneiden und die Samenkerne entfernen.

In die Gläser etwas Rosmarin legen und das Muschelfleisch, den Knoblauch und die Chilischoten einschichten.

Den erkalteten Sud abseihen, um die Hälfte reduzieren und

mit dem Olivenöl verrühren. Über die Muscheln gießen und die Gläser verschließen. Im Kühlschrank 2 Tage stehenlassen.

Tip:
Bei einer Einladung zum italienischen Essen dürfen Antipasti (Vorspeisen) nicht fehlen. Mit Tage zuvor eingelegten Muscheln und Auberginen (siehe Seiten 96 und 103) haben Sie sich schon eine Menge Vorbereitung erspart.

Salat, stets parat

Obwohl das Rübengewächs rote Bete auch für Rohkost geeignet ist, wird es hauptsächlich gekocht oder konserviert verwendet. Es ist als Salat und Beilage nicht nur von der Farbe her, sondern auch vom Geschmack eine willkommene Abwechslung in der kalten Jahreszeit.

Rote Bete
(Für etwa 9 Gläser à 370 ml)

etwa 4,5 kg rote Bete
1 Flasche Rotweinessig
100 g Salz
200 g Zucker
1 große Zwiebel
1 TL ganze Nelken
1 gestrichener EL Kümmel
3 Lorbeerblätter
Saft von 1 Zitrone

Die rote Bete waschen und mit Wasser bedeckt bei schwacher Hitze in 25–35 Minuten weichkochen. Das Wasser abgießen und die rote Bete mit kaltem Wasser überbrausen.

Vorsichtig die Haut abziehen und die rote Bete in etwa 3 mm dicke Scheiben schneiden; danach in Einmachgläser verteilen.

Den Rotweinessig, 1 l Wasser, Salz und den Zucker in einen Topf geben.

Die Zwiebel schälen und in Scheiben schneiden; mit den Nelken, dem Kümmel und den Lorbeerblättern dazugeben und alles aufkochen.

Den Zitronensaft hinzufügen und die noch heiße Flüssigkeit auf die rote Bete gießen, bis sie ganz bedeckt ist.

Die Gläser mit Gummiringen und Klammern verschließen, im Backofen oder Einmachtopf auf 90 Grad erhitzen und diese Temperatur 30 Minuten halten.

Die Gläser langsam abkühlen lassen, die Klammern entfernen und prüfen, ob alle Gläser dicht sind; kühl und trocken lagern.

Tip:
Auch im Schnellkochtopf lassen sich Gemüse und Obst einmachen. Dazu benötigen Sie lediglich einen speziellen Einsatz zum leichteren Herausheben der Gläser. Ist der erste oder zweite Ring sichtbar (Gebrauchsanweisung der einzelnen Fabrikate beachten), beginnt die Einkochzeit.

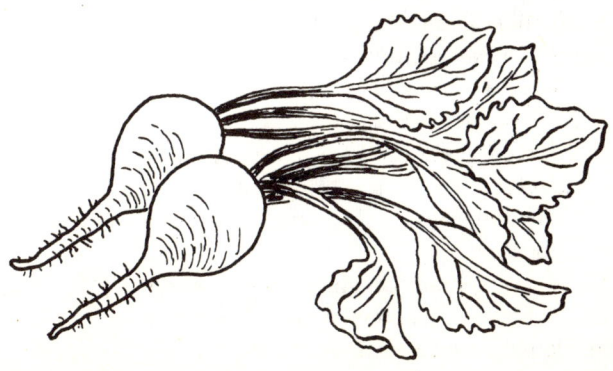

Gute Mischung

Warum eigentlich Mixed Pickles kaufen, wenn man eigenes Gemüse im Garten hat und den individuellen Geschmack betonen will? Mischen Sie Gemüse Ihrer Wahl, und machen Sie Mixed Pickles ein, die unvergleichlich schmecken.

Mixed Pickles
(Für etwa 5 Gläser à 500 ml)

> 2 kg Gemüse (Blumenkohl, Karotten, Schalotten, Bohnen, kleine
>   Gurken, Sellerieknollen, Paprikaschoten usw.)
> 2 TL Salz
> 1 Flasche Weißweinessig
> 1 EL Zucker
> 1 EL schwarze Pfefferkörner
> 6 Gewürznelken
> 8 EL Senfkörner

Das Gemüse waschen, putzen und in mundgerechte Stücke teilen. Dabei die Gurken ganz lassen.
Knapp 2 l Wasser mit Salz zum Kochen bringen und das Gemüse 3 Minuten blanchieren. Sofort mit eiskaltem Wasser abspülen und abkühlen lassen.
Das Gemüse in die vorbereiteten Gläser verteilen.
Den Weißweinessig mit 1/4 l Wasser, dem Zucker und den Gewürzen aufkochen; das Gemüse damit begießen, bis das Einmachgut bedeckt ist.
Die Einmachgläser mit Gummiring und Deckel verschließen und die Klammern anbringen. Entweder im Backofen oder im Einmachtopf auf 85 Grad erhitzen und 30 Minuten einkochen.
Die Gläser langsam abkühlen lassen – zuerst mit heißem, dann mit immer kälterem Wasser. Nach völligem Erkalten die Klammern entfernen.

Tip:
Wer oft und viel einkocht, sollte spezielle Rundrandgläser bevorzugen, weil sie leicht zu stapeln sind und sich zum Einkochen hervorragend eignen.

Winterfreude

Sie wächst und wächst, bis sie schließlich groß und kiloschwer im Garten liegt. Aber was anfangen mit einer solchen Frucht? Ein Kürbis ist viel zu schade zum Liegenlassen, schmeckt er doch eingemacht so richtig schön fruchtig und verschönt so manchen Wintertag, vor allem, wenn man nicht auf das zu teure frische Angebot zurückgreifen muß.

Eingemachter Kürbis
(Für etwa 11 Gläser à 500 ml)

etwa 5 kg Kürbis
1 l Rotweinessig
1 kg Zucker
3 TL Salz
2 Zimtstangen
6 Nelken
1 EL Zitronensaft
1/2 TL Ingwerpulver

Den Kürbis waschen, schälen, halbieren, von den Kernen befreien und in Würfel schneiden. In kochendem Wasser 3 Minuten blanchieren, abtropfen und abkühlen lassen.
Den Rotweinessig mit 1 l Wasser und den Gewürzen zum Kochen bringen und 1/2 Stunde ziehen lassen.
Die Twist-off-Gläser gut ausspülen und mit den Kürbisstückchen bis 2 cm unter den Rand füllen.

Den heißen Sud abseihen und sofort in die Gläser füllen. Die Gläser gut verschließen, in den Einmachtopf geben, auf 90 Grad erhitzen und diese Temperatur 30 Minuten halten. Die Gläser vorsichtig herausnehmen, im Waschbecken zuerst mit warmem, dann mit immer kälterem Wasser abkühlen; prüfen, ob alle Gläser dicht sind, und erst, wenn sie ganz abgekühlt sind, im Vorratsraum aufbewahren.

Tip:
Auch im Backofen können Sie einkochen, wenn Sie die Bratenpfanne mit Wasser füllen (1 cm), den Ofen vorheizen und dann die Gläser, ohne daß sie sich berühren, ins Wasser stellen. Wenn in den Gläsern Perlchen aufsteigen, beginnt die Pasteurisierzeit. Nach dem Einkochen die Gläser 15 Minuten bei geöffneter Tür und dann erst im Wasserbad abkühlen.

Italienische Gaumenfreude

Kaltes, in Essig und Olivenöl eingelegtes Gemüse ist eine italienische Spezialität, die auch bei uns immer mehr Liebhaber findet. Auberginen eignen sich dazu hervorragend. Sie können in Gläsern bevorratet werden und sind so im Handumdrehen eine delikate Vorspeise.

Eingelegte Auberginen
(Für etwa 3 Gläser à 350 ml)

1 kg kleine Auberginen
Salz
6 EL Olivenöl
2 Zwiebeln
2–3 Knoblauchzehen
1 Lorbeerblatt
6 EL Essigessenz
20 Pfefferkörner
4 Zweige Thymian oder getrockneter Thymian
150 g Zucker

Die Auberginen waschen, abtrocknen und in 1 cm dicke Scheiben schneiden. Die Scheiben mit Salz bestreuen, die austretende Flüssigkeit abspülen und die Auberginen gut mit Küchenkrepp trocknen.
In einer geölten Grillpfanne die Schnittflächen der Auberginen bräunen.
Die Zwiebeln schälen, halbieren und in Scheiben schneiden. Die Knoblauchzehen ebenfalls schälen und in Scheiben schneiden.
Zwiebel- und Knoblauchscheiben, das Lorbeerblatt, 1 Eßlöffel Salz, die Essigessenz, die Pfefferkörner, den Thymian, den Zucker und etwa 1 l Wasser in einen Topf geben und zum Kochen bringen. 5 Minuten durchkochen lassen.

Die Auberginen in verschließbare Gläser füllen und mit dem Gewürzsud übergießen; verschlossen 1 Tag ruhen lassen.

Den Sud abgießen und nochmals aufkochen. Über die Auberginen geben und die Gläser gut verschließen. Etwa 8 Tage kühl stellen und eventuell noch mit Essigessenz abschmecken.

Tip:
Wenn Sie keine kleinen Auberginen bekommen, kann auch eine große der Länge nach geteilt und dann in Scheiben geschnitten werden.
Beim Anrichten viel Olivenöl darübergeben.

Zartgelb und weich

... sind diese Zwiebeln, denn sie sind süß-sauer eingelegt und erhalten ihre schöne Farbe durch ein exotisches Gewürz. Die milden Zwiebeln machen sich gut zum kalten Büfett und geben so mancher Fleischspeise einen besseren Geschmack. Probieren Sie einmal Gulasch mit dieser Beilage!

Amsterdamer Zwiebeln
(Für 6 Gläser à 500 ml)

2,5 kg kleine Zwiebeln oder Schalotten
1 TL Kurkumapulver
1 kg Zucker
1 EL Salz
2 EL Senfkörner
8 EL Essigessenz

Die Zwiebeln schälen.
Das Kurkumapulver mit dem Zucker, dem Salz, den Senfkörnern und 6 Eßlöffeln Essigessenz in 1 l Wasser einrühren, zum Kochen bringen und durchkochen lassen.
Die Zwiebeln dazugeben und – falls diese nicht ganz mit Wasser bedeckt sind – noch etwas Wasser hinzufügen. Die Zwiebeln 15 Minuten kochen lassen und im Sud abkühlen, damit sie sich gelb färben.
Alles mit einer Schaumkelle aus der Flüssigkeit heben und in bereitgestellte Gläser füllen.
Den Sud noch einmal aufkochen, mit Essigessenz abschmecken und sofort über die Zwiebeln gießen.
Die Gläser verschließen und 3 Tage stehenlassen.
Den Sud abgießen, nochmals aufkochen, nachsäuern und heiß über die Zwiebeln gießen. Die Gläser gut verschließen und kühl lagern.

Tip:
Sauerkonserven brauchen nicht pasteurisiert zu werden, weil die Säure eine konservierende Wirkung hat. Allerdings ist die Haltbarkeit nicht ganz so hoch. Bei den Zwiebeln sollten Sie nach 3 Monaten ans Verzehren denken.

Feine Säure

Sie sind nicht ganz so sauer und zarter im Geschmack – die feineren Vertreter von Gewürzgurken. Die speziell zu Gegrilltem, vielen Fleischgerichten und Raclette passenden Senfgurken gehören eigentlich in jeden Vorratskeller.

Senfgurken
(Für etwa 10 Gläser à 500 ml)

10 kg große, reife, fleischige Gurken
Senfkörner
1 l Gurkenaufguß

Die Gurken waschen, schälen, der Länge nach halbieren und das Kernhaus mit einem Löffel sauber entfernen.
Die Gurkenhälften 2–3 Minuten in kochendes Wasser legen, mit kaltem Wasser abspülen und abtropfen lassen.
Die Gurken in Stücke schneiden.
Saubere Einmachgläser bereitstellen und die Gurken mit viel Senfkörnern einschichten, dabei aber nicht pressen.
Den Gurkenaufguß über die Gurken gießen, bis das Einmachgut bedeckt ist.
Die Gläser gut verschließen, im Einmachtopf auf 85 Grad erhitzen und diese Temperatur 25 Minuten halten.
Die Gläser langsam abkühlen lassen, prüfen, ob alle dicht sind, und im Keller aufbewahren.

Tip:
Gurkenaufguß ist ein spezieller Einmachessig, dem schon Einmachkräuter sowie Salz und Zucker beigemischt sind. Sie können aber auch den Sud aus 2 Teilen Wasser, 1 Teil Essig, Salz und Zucker sowie nach Belieben Kräutern und Gewürzen selbst herstellen. Heiß über die Gurken gießen und wie beschrieben einkochen.

Interessante Mischung

Süß-sauer eingelegte Früchte oder Gemüse schmecken gut zu allerlei Braten, chinesischen Gerichten und zu Raclette. Aber auch einfach zum Naschen sind sie nicht zu verachten. Probieren Sie diese interessante Mischung:

Rosinenpickles
(Für 2 Gläser à 500 g)

> *1 grüne Paprikaschote*
> *2 nicht zu reife Birnen*
> *150 g Champignons*
> *150 g Schalotten*
> *2 Knoblauchzehen*
> *250 g ungeschwefelte Rosinen*
> *20 g frischer Ingwer*
> *$1/2$ TL Korianderkörner*
> *1 TL Senfkörner*
> *1 Lorbeerblatt*
> *$1/4$ l Weißweinessig*
> *2 gehäufte TL Salz*
> *100 g Zucker*

Die Paprika waschen, halbieren, die Trennwände und Kerne entfernen und in kleine Stücke schneiden.
Die Birnen waschen, halbieren, das Kerngehäuse entfernen und ebenfalls in Stücke schneiden.
Die Champignons putzen – wenn nötig waschen – und halbieren.
Die Schalotten schälen, auch den Knoblauch schälen und vierteln. Alle vorbereiteten Zutaten zusammen mit den gewaschenen Rosinen in einem Topf mit $1/2$ l Wasser zum Kochen bringen.
Den Ingwer schälen, in Stücke schneiden und mit den

anderen Gewürzen dazugeben. Alles etwa 10 Minuten ziehen lassen.

Die Flüssigkeit abgießen und auffangen. Die Pickles in die vorbereiteten Gläser füllen.

Die Flüssigkeit nochmals aufkochen und sofort in die Gläser gießen. Gut verschlossen kühl und dunkel aufbewahren.

Tip:
Die Birnen können auch durch andere Früchte wie z. B. Pfirsiche, Äpfel und Kürbisse ersetzt werden.

Scharfe Beilage

Von der ostasiatischen Küche haben wir das Chutney übernommen – die scharfe, pikante Beilage zu Wild, gegrilltem
Fleisch und Geflügelgerichten. Die Versuche, mit einheimischen Früchten auf unseren Geschmack zugeschnittene
Chutneys zu kreieren, sind gelungen. Probieren Sie das
wohlschmeckende Rhabarberchutney.

Rhabarberchutney

750 g Rhabarber
500 g Äpfel
400 g brauner Zucker
10 EL Essigessenz
1/2 TL gemahlener Ingwer
40 g Mandelstifte
100 g Backpflaumen ohne Stein
100 g Rosinen
1 EL Senfkörner, Cayennepfeffer

Die Rhabarberstangen waschen, schälen und in kleine
Stücke schneiden.
Die Äpfel waschen, schälen, halbieren und das Kernge-
häuse entfernen. Ebenfalls in kleine Stücke schneiden.
Den Rhabarber mit den Äpfeln, dem Zucker, der Essiges-
senz und 1/4 l Wasser zum Kochen bringen und bei kleiner
Hitze zu einem dicken Brei werden lassen. Das dauert etwa
30 Minuten.
Das Ingwerpulver, die Mandelstifte, die zerkleinerten Back-
pflaumen, die Rosinen und die Senfkörner dazugeben.
Die Masse nochmals etwa 30 Minuten einkochen lassen.
Mit Cayennepfeffer gut scharf abschmecken.
Das Chutney in kleine Gläser füllen, möglichst luftdicht
verschließen und kühl und dunkel aufbewahren.

110

Tip:
Probieren Sie Chutneys auch mit Preiselbeeren, Kiwis und
Mangos. Jedes schmeckt auf seine Art vorzüglich. Kochen
Sie aber keine allzu großen Mengen ein; die Haltbarkeit
beträgt etwa 3 Monate.

Vielseitiges Dessert

Birnen gehören zu den einheimischen Früchten, die nur kurze Zeit erhältlich sind, sich aber für das ganze Jahr ins Glas bannen lassen. Als Kompott, mit Schokoladenpudding überzogen oder mit Blauschimmelkäse gefüllt, lassen sie sich vielseitig und immer wieder anders servieren.

Weinbirnen
(Für etwa 6 Gläser à 750 ml)

3,5 kg Birnen
6 EL Essig
300–400 g Zucker (je nach Süße der Birnen)
1/2 l süßer Weißwein
2 Zimtstangen
4 Nelken

Die gerade reifen Birnen waschen, schälen, halbieren und das Kerngehäuse sauber entfernen.

1/2 l Wasser mit dem Essig mischen und die Birnenhälften einlegen, damit sie weiß bleiben.

Den Zucker unter den Weißwein rühren, 1 l Wasser, die Zimtstangen und die Nelken dazugeben und alles zum Kochen bringen.

Die abgetropften Birnen in Gläser schichten und mit der Zucker-Wein-Lösung begießen, bis die Früchte bedeckt sind.

Die Gläser mit Gummiring und Deckel gut verschließen, die Klammern anbringen und im Einmachtopf oder im Backofen bei 90 Grad 30 Minuten sterilisieren.

Die Gläser langsam abkühlen lassen, die Klammern entfernen und prüfen, ob jedes Glas dicht ist. Mit Datum versehen und dunkel lagern.

Tip:
Auch Äpfel, Aprikosen, Kirschen usw. lassen sich auf diese Art und Weise einkochen. Wichtig ist, daß das Obst nicht überreif ist und der Zucker nie direkt, sondern stets als Lösung darübergegeben wird.

Rund und glänzend

... präsentieren sich süß-sauer eingelegte Zwetschen, die als Beilage zu süßen Desserts und gebratenem Fleisch ausgezeichnet munden. Und im Glaskelch – mit Sekt aufgefüllt – sind sie ein Augen- und Gaumenschmaus.

Süß-saure Zwetschen

1,5 kg Zwetschen
1/8 l Essigessenz
1 kg Zucker
1 Zimtstange
4 Gewürznelken
1 Stück dünn abgehobelte Zitronenschale

Die Zwetschen waschen, gut abtrocknen und rundherum mit einem Hölzchen anstechen. In ein Glasgefäß oder einen Steinguttopf schichten.
3/4 l Wasser mit der Essigessenz, dem Zucker, der Zimtstange, den Gewürznelken und der Zitronenschale aufkochen. Über die Zwetschen gießen und zugedeckt 1 Tag stehenlassen.
Den Sud abgießen, aufkochen, wieder über die Früchte gießen und eine weitere Nacht stehenlassen.
Das Ganze noch einmal wiederholen.
Die Früchte mit dem erkalteten Sud gut verschließen und 14 Tage ruhen lassen. Angebrochene Gefäße möglichst bald verbrauchen.

Tip:

Probieren Sie dieses Rezept mit Kürbisstückchen oder Mirabellen. Es wird Ihnen auch sehr gut schmecken. Allerdings ist die Haltbarkeit begrenzt, weil die Früchte nicht eingekocht werden.

Delikat, delikat

In Öl eingelegter Käse ist eine Delikatesse, die man teuer bezahlen muß. Legen Sie Ihren Käse selbst ein, und überraschen Sie die Familie und Freunde mit dieser Spezialität.

Schafskäse in Kräuteröl
(Für etwa 3 Schraubdeckelgläser à 400 g)

450 g Schafskäse
2 Bund Petersilie
2 Bund Schnittlauch
6 Zweige Estragon
je 1/2 rote, grüne und gelbe Paprikaschote
1 EL Kümmel
1 EL grob gestoßener schwarzer Pfeffer
1 l kaltgepreßtes Olivenöl

Den Schafskäse vorsichtig in 2–3 cm große Würfel schneiden und in die peinlich sauberen Gläser verteilen.
Die Kräuter kurz waschen, mit Küchenkrepp trockentupfen, die dicken Stiele entfernen und mittelfein hacken.
Die Paprikaschoten von Stielansatz und Kernen befreien und in der Küchenmaschine grob raspeln.
Die Kräuter, die Paprikaschoten, den Kümmel und den Pfeffer mit dem Öl vermischen und alles über den Schafskäse gießen.
Die Gläser gut verschließen und dunkel aufbewahren. Sie halten sich mehrere Monate.

Tip:
Auf diese Art und Weise können Sie beispielsweise auch Artischockenherzen und Champignons einlegen.
Das gewürzte Öl kann später zum Anbraten von Fleisch oder für Salate Verwendung finden.

So ein Käse

Das Aroma von Käse hält sich vorzüglich, wenn er ins Glas gesperrt wird. Aber nicht jeder Käse eignet sich dazu. Bevorzugen Sie Weichkäse wie Edelpilzkäse, Camembert, Romadur und Frischkäse von Schaf und Ziege sowie Sauermilchkäse wie Mainzer und Harzer.

Französischer Käsetopf
(Für etwa 3 Gläser à 300 g)

> *400 g verschiedene französische Käse aus Kuh-, Ziegen- oder Schafsmilch*
> *15 Wacholderbeeren*
> *2 Zweige getrockneter Rosmarin*
> *1 Zweig Thymian*
> *1 EL grob zerstoßene weiße und schwarze Pfefferkörner*
> *2 Lorbeerblätter*
> *1 grob zerteilte Zwiebel*
> *3 Chilischoten*
> *3/4 l Sojaöl*

Den Käse in grobe Würfel schneiden und gemischt in die Gläser verteilen.

Die Wacholderbeeren, die Kräuter, die Pfefferkörner, die Lorbeerblätter und die Zwiebelteile gut verteilt zum Käse geben.

In jedes Glas eine Chilischote legen und mit dem Sojaöl bis knapp unter den Rand aufgießen.

Die Gläser gut verschließen und dunkel und kühl aufbewahren.

Tip:
Bevorzugen Sie gutes, kaltgepreßtes Öl zum Einlegen von Käse, weil dadurch sein ernährungsphysiologischer Wert

erhöht wird. Der Käse muß stets reichlich mit Öl bedeckt
sein, damit er nicht verdirbt.

Öle, die es in sich haben

Kräuter und Gewürze – in Öl konserviert und verschlossen – begeistern nicht nur Gourmets, sondern alle, die gerne kochen und essen. Denn ein Steak, in Rosmarinolivenöl gebraten, schmeckt einfach ausgezeichnet. Ganz zu schweigen von dem dekorativen Effekt solcher Öle, die sich auch zum Verschenken eignen.

> *kaltgepreßtes Olivenöl, Maiskeim- oder Sonnenblumenöl*
> *je 1 Zweig Thymian, Rosmarin und Oregano*
> *1 getrocknete Chilischote*
> *1 Knoblauchzehe*

Eine hübsche Glasflasche peinlich sauber reinigen und zum Schluß mit klarem, heißem Wasser nachspülen.
Die frischen Kräuter waschen, vorsichtig trockentupfen und im Backofen (bei 50 Grad und etwas geöffneter Tür) trocknen oder einige Tage in den warmen Halbschatten hängen.
Die Kräuterzweige mit der ebenfalls getrockneten Chilischote und der geschälten Knoblauchzehe in die trockene Flasche geben. Mit dem Öl aufgießen, verschließen und kühl aufbewahren.

Tip:
Wenn Sie nur den Geschmack eines einzigen Gewürzes haben wollen, brauchen Sie beispielsweise nur Rosmarinzweige, Chilischoten, getrocknete Ingwerwurzeln ins Glas zu geben. Auch Fenchelsamen, Lavendelzweige und Estragon machen sich in Öl sehr gut.
Eine hübsche Geschenkidee ist es, 3 kleine Karaffen mit jeweils einem anderen Würzöl zu verschenken.

Ganz schön fett

Die Weihnachtsgans hat meist viel zuviel Fett, das weg-
geschnitten werden muß, aber keinesfalls Abfall ist, sondern ausgelassen einen wohlschmeckenden Brotaufstrich
ergibt.
Freunde und Verwandte, die Deftiges lieben, werden begei-
stert sein.

Gänseschmalz
(Für etwa 3 Töpfe à 150 ml)

> *etwa 500 g Gänsefett*
> *1 Stück Schweinespeck (etwa die Hälfte des Gänsefetts)*
> *40 g Butter*
> *150 g gut durchwachsener Speck*
> *2 säuerliche Äpfel*
> *2 kleine Zwiebeln*
> *1 Knoblauchzehe*
> *Salz*
> *Pfeffer*

Das Gänsefett 1 Tag in Wasser legen und dabei öfter das
Wasser erneuern. Anschließend gut abtrocknen und in
grobe Würfel schneiden.
Den Schweinespeck ebenfalls in Würfel schneiden.
Das Fett in einer Kasserolle erhitzen und auslassen. Dabei
ab und zu umrühren.
In einer 2. Pfanne die Butter erhitzen.
Den Speck in kleine Würfel schneiden, dazugeben und
auslassen.
Die Äpfel waschen, schälen, halbieren, das Kerngehäuse
entfernen und in kleine Würfel schneiden.
Die Zwiebel schälen und fein würfeln.
Beides zum Speck geben und mitbraten.

Die Knoblauchzehe schälen, sehr fein schneiden und kurz miterhitzen.

Das ausgelassene Fett durch ein Sieb gießen. Das Apfel-Speck-Gemisch dazugeben und alles gut vermischen. Mit Salz und Pfeffer abschmecken.

Das Gänseschmalz in spezielle Steinguttöpfchen füllen, gut verschließen und im Kühlschrank aufbewahren.

Tip:
Die übriggebliebenen Grieben schmecken noch warm am besten, oder Sie lassen sie gleich im Fett und brauchen es nicht abzusieben. Es ist dann allerdings nicht so schön weiß.

Ganz schön scharf

Ob auf der berühmten Weißwurst, zu Blutwurst oder auf Leberkäse – Senf ist und bleibt eine Würze, die für manchen Brotaufstrich unentbehrlich ist. Sie müssen sich aber nicht mit einem Einheitssenf zufriedengeben, sondern können Ihren eigenen, fein gewürzten Senf herstellen.

Kräutersenf
(Für etwa 2 Töpfchen à 100 g)

100 g gelbes Senfpulver
1/2 TL Ingwerpulver
1 TL Kurkuma
schwarzer Pfeffer aus der Mühle
60 ml Wasser
60 ml Weinessig
1 TL Salz
2 EL Zucker
1 ausgepreßte Knoblauchzehe
4 EL frische Kräuter
6 EL Olivenöl

Das Senfpulver mit Ingwerpulver, Kurkuma und Pfeffer vermischen und 2 Eßlöffel Wasser unterrühren.
Das restliche Wasser mit dem Weinessig, dem Salz, dem Zucker, der ausgepreßten Knoblauchzehe und den Käutern aufkochen lassen und abgekühlt unter das Senfpulver rühren; alles quellen lassen.
Das Öl tropfenweise unterschlagen, den Senf nochmals abschmecken und in Töpfchen füllen; kühl aufbewahren.

Tip:
Das Senfmehl muß stets quellen und kann auch im Wasserbad mit der Flüssigkeit erhitzt werden.

Als Geschmackszutaten eignen sich pürierte Oliven, Kapern, Meerrettich usw. Stellen Sie Ihre eigene Senfbar mit 3 oder 4 Sorten her.

Sammeln macht Spaß

Wenn der Sommer zur Neige geht, trifft man sie überall in den Wäldern: Pilzsammler, die auch auf Pfifferlinge Jagd machen. Wer mehr von diesen seltenen Pilzen findet, sollte sie konservieren – um eine pikante Soßenbeilage für den Winter vorrätig zu haben.

Süß-saure Pilze
(Für etwa 3 Gläser à 350 g)

> *1 kg Pfifferlinge*
> *Salz*
> *400 g Schalotten*
> *Basilikum (getrocknet)*
> *Rosmarin (getrocknet)*
> *350 ml Weinessig*
> *50 g Zucker*
> *1/2 TL Salz*
> *3 Lorbeerblätter*

Die Pfifferlinge putzen und kurz waschen. Im kochenden Salzwasser 5 Minuten garen, mit dem Schaumlöffel herausnehmen. Die Schalotten schälen und 10 Minuten im Salzwasser garen. Abtropfen lassen und mit den Pilzen abwechselnd in Gläser schichten.
Etwas Salz, Basilikum und Rosmarin darüberstreuen.
1/4 l Wasser mit dem Weinessig, dem Zucker, dem Salz und den Lorbeerblättern aufkochen lassen und heiß über die Pilze gießen.

Mindestens 8 Stunden ziehen lassen.
Die Flüssigkeit wieder abgießen, abermals erhitzen und über die Pilze geben. Sofort verschließen, abkühlen lassen und maximal 3 Monate aufbewahren.

Tip:
Selbstverständlich können Sie auch andere Pilze – ob einzeln oder gemischt – auf diese Art und Weise haltbar machen. Sie verfeinern viele Soßen und gehören unbedingt zu chinesischen Pfannengerichten dazu.

Opas Lieblingsrezept

Als die Hühner beim Eierlegen noch eine Pause einlegten, mußten sich unsere Vorfahren so mancherlei einfallen lassen, um Eier haltbar zu machen. Obwohl das heute nicht mehr notwendig ist, macht es Spaß, Eier einzulegen – weil sie dadurch würziger schmecken und auch eine lustige Geschenkidee sind.

Pikante Soleier
(Für etwa 1 Glas von 1 1/2 l Inhalt)

12 Eier
3 getrocknete Chilischoten
2 Lorbeerblätter
3 Schalotten
1 Rosmarinzweig
1 TL Kümmel

Die Eier in Salzwasser gut 10 Minuten hart kochen.
Die Eier abschrecken und die Schalen etwas anschlagen.
Vorsichtig in ein hübsches Glas legen.
Die Chilischoten, die Lorbeerblätter, die geschälten und

halbierten Schalotten und den Rosmarinzweig sowie den Kümmel in 1 l Wasser einige Minuten kochen.

Den Sud entweder abgeseiht oder mit den Gewürzen über die Eier gießen.

Die Eier zugedeckt im Kühlschrank mindestens 2 Tage durchziehen lassen und zu Brot und Tomatenketchup, Chutneys oder eingelegter Paprika verzehren.

Tip:

Zum Anrichten werden die Eier geschält, vorsichtig halbiert und das Eigelb wird herausgelöst. Der Hohlraum kann mit würzigen Zutaten (z. B. Essig, Öl, Senf) gefüllt werden. Dann wird das Eigelb umgekehrt wieder daraufgesetzt.

Aus südlicher Region

Eine regionale Spezialität besonderer Art ist der »Obatzte«, eine Käseköstlichkeit, die in vielen bayerischen Gasthäusern auf der Speisekarte steht. Hier eine ausgezeichnet schmeckende Variante.

Mittenwalder Obatzter

200 g reifer Camembert
150 g Blauschimmelkäse
2 rote Zwiebeln
2 mittelgroße Gewürzgurken
75 g weiche Butter
2 Eigelb
3 EL Bier
1/2 TL Kümmel
schwarzer Pfeffer aus der Mühle
1 EL Schnittlauchröllchen

Den Camembert und den Blauschimmelkäse mit einer Gabel fein zerdrücken.
Die Zwiebeln schälen und einige Ringe zum Garnieren übriglassen. Den Rest fein hacken.
Die Gurken ebenfalls fein hacken. Die Butter schaumig rühren.
Alles zusammen mit den Eigelben und dem Bier unter den Käse mischen.
Die Käsemasse mit dem Kümmel und Pfeffer nach Geschmack würzen und in einer Schale anhäufen.
Mit den Zwiebelringen und den Schnittlauchröllchen garnieren; zu Bauernbrot, Bier und Rettich servieren.

Tip:
Statt Blauschimmelkäse kann auch Quark verwendet wer-

den, und 2 Teelöffel Paprika geben dem Gericht die schöne rote Farbe.

Wie anno dazumal

Die Bauern waren früher fast autark und versorgten sich selbst mit allem Lebensnotwendigen. Dazu gehörte auch das Selbstherstellen von Milchprodukten. Ein Überbleibsel ist das Rezept für den körnigen Käse, der ganz einfach und ohne viel Aufwand herzustellen ist.

Körniger Kräuterkäse

2 l frische Milch vom Bauern
Salz
Pfeffer
Paprika
frische Kräuter wie Schnittlauch, Petersilie und Dill

Die Milch (sie darf nicht pasteurisiert und homogenisiert sein) in einen Milchtopf geben und bei Zimmertemperatur stehenlassen, bis sie sauer ist.
Die Sauermilch in einem großen Topf bei kleiner Flamme langsam erwärmen.
Sobald sich kleine Körner bilden und die Milch anfängt auszuflocken, den Topf vom Herd nehmen.
Die Milchmasse durch ein Mulltuch abgießen und die zurückbleibenden Körner gut abtropfen lassen.
Den Frischkäse mit Salz, Pfeffer und Paprika würzen.
Schnittlauch, Petersilie und Dill waschen, trockentupfen und fein schneiden, unter den Käse mischen.
Den Käse zu frischem Bauernbrot als Abendmahlzeit reichen.

Tip:
Schütten Sie die abgelaufene Molke nicht weg, sondern verwenden Sie sie als Getränk – eventuell vermischt mit Fruchtsäften. Sie enthält viele Mineralstoffe und hochwertiges Eiweiß.

Zartes Gebäck

Fein gefüllt

Zur Kaffeetafel oder zum Tee schmeckt nicht immer nur
Kuchen. Kleines Gebäck ist ebenso passend und sorgt für
Abwechslung. Die Füllung kann variiert werden.

Nußtaschen
(Für etwa 10 Taschen)

225 g Weizenvollkornmehl
1 Ei
60 g Rohrzucker
1 Päckchen Vanillinzucker
1 Prise Salz
150 g Butter
50 g gemahlene Haselnüsse
50 g Leinsamengranulat
abgeriebene Schale von 1/2 Zitrone
50 g in Rum eingelegte Rosinen
2 cl Rum
40 g Honig
knapp 1/8 l kochende Milch
1 Eiweiß
1 Eigelb

Das Mehl auf eine Arbeitsfläche geben und eine Mulde
hineindrücken. Das Ei hineingleiten lassen und den Zucker
sowie den Vanillinzucker auf dem Mehl verteilen.

Das Salz und die Butter in Flöckchen dazugeben und alle Zutaten schnell mit einem langen Messer zu einem Teig vermischen. Zum Schluß den Teig mit den Händen nochmals gut durcharbeiten. 30 Minuten in den Kühlschrank stellen.

Die Nüsse mit dem Leinsamengranulat, der Zitronenschale, den Rumrosinen, dem Rum und dem Honig mischen. Die Milch darübergießen; 10 Minuten quellen lassen und alles gut verrühren.

Den Teig auf einer bemehlten Arbeitsfläche etwa 3 mm dick ausrollen und Quadrate mit einer Seitenlänge von 6 cm ausradeln.

Je einen Teelöffel Füllung in die Mitte der Quadrate setzen

und die beiden gegenüberliegenden Enden übereinander-
klappen. Die Ränder mit Eiweiß bepinseln und aneinander-
drücken.
Die Plätzchen mit dem verquirlten Eigelb bestreichen und
auf ein gefettetes Backblech setzen. Auf der mittleren Schiene
bei 200 Grad etwa 20 Minuten backen.

Tip:
Auch mit Konfitüre oder mit Quark (Quark süßen und mit
zerkleinerten Äpfeln mischen) gefüllte Taschen schmecken
sehr gut.

Einfach und schnell

Oft ist man auf der Suche nach Rezepten, die wenig Zeit beanspruchen und keine großen Vorkenntnisse erfordern. Das ist bei diesen Plätzchen der Fall, die auch noch 1 Tag vor dem Weihnachtsfest gebacken werden können.

Dattelhäufchen
(Für etwa 40 Plätzchen)

250 g in Rum eingelegte Rosinen
250 g getrocknete Datteln
2 EL Dattelmark (aus dem Reformhaus)
2 EL Zitronensaft
200 g gehackte Mandeln
100 g Leinsamengranulat
geriebene Schale von 1 ungespritzten Zitrone
1/2 TL Zimt
1 Prise Nelkenpulver
3 Eiweiß
1 TL Zitronensaft
1 Prise Salz
40 Oblaten

Die Rosinen abtropfen lassen.
Die Datteln wenn nötig entsteinen und kleinhacken.
Das Dattelmark und den Zitronensaft mit Rosinen und Datteln vermischen.
Die Mandeln, das Leinsamengranulat, die Zitronenschale, den Zimt und das Nelkenpulver untermengen.
Die Eiweiße mit dem Zitronensaft und Salz sehr steif schlagen. Vorsichtig unter die Früchtemasse heben und gut vermischen.
Die Oblaten auf ein gefettetes, bemehltes Blech legen und mit dem Teelöffel kleine Häufchen daraufsetzen.

Die Plätzen im vorgeheizten Ofen bei 160 Grad etwa 30 Minuten backen.

Tip:
Mit festem Eischnee lassen sich schnell lockere, luftige Plätzchen zubereiten. Vermischen Sie ihn beispielsweise mit Kokosflocken, Kakao und Nüssen. Beim Backen darauf achten, daß die Hitze nicht zu groß ist, also nicht mehr als 175 Grad.

Mit viel Frucht

Frische Früchte auf zartem Biskuit – das läßt das Herz höher schlagen! Diese Torte braucht nicht einmal gebacken zu werden, weil sie mit fertigen Biskuits zubereitet wird – eine echte Charlotte also!

Ananascharlotte
(Für etwa 10 Stück)

250 g Löffelbiskuit
4 Blatt weiße Gelatine
1 frische, mittelgroße Ananas
1 EL Zitronensaft
60 g Zucker
1 1/2 Becher süße Sahne
100 g kandierter Ingwer zum Verzieren

Eine Kuchenplatte mit Tortenpapier belegen und den Rand einer Springform (22 cm Durchmesser) darauf stellen.
Den Tortenrand mit halbierten, den Boden mit ganzen Biskuits auslegen.
Die Gelatine in kaltem Wasser einweichen.
Die Ananas längs vierteln und den mittleren harten Strunk

entfernen. Das Fruchtfleisch von der Schale lösen und die eine Hälfte würfeln, die andere im Mixer pürieren. Einige Ananaswürfel zum Verzieren zurückbehalten.

Die Ananaswürfel und das Püree einmal kurz aufkochen und die ausgedrückte Gelatine darin auflösen.

Den Zitronensaft und den Zucker unterrühren und abkühlen lassen. Wenn die Masse anfängt steif zu werden, $2/3$ der geschlagenen Sahne unterziehen.

Die Hälfte der Creme auf den mit Biskuits belegten Tortenboden streichen. Darüber eine Schicht Biskuits anordnen, die restliche Creme daraufgeben und mit Biskuits abdekken. Die Torte einige Stunden kalt stellen.

Den Rand der Springform entfernen, die Torte mit der restlichen Sahne bestreichen und mit Ananaswürfeln und kandiertem Ingwer verzieren.

Tip:

Diese Charlotte können Sie auch mit anderen Früchten beispielsweise Erdbeeren, Himbeeren oder Pfirsichen zubereiten.

Überraschung

Kinder mögen gerne Süßes und können mit diesen leckeren Nußtörtchen zum Kindergeburtstag überrascht werden. Sie schmecken das ganze Jahr und sind sehr schnell zubereitet.

Schweizer Nußtörtchen
(Für etwa 20 Törtchen)

200 g Butter
1 Beutel Orange-back
200 g Zucker
3 Eier
200 g Mehl
3 TL Backpulver
3 TL Kakao
200 g gemahlene Haselnüsse
1 Päckchen Schokoladentröpfchen
helle Schokoladenglasur
Zuckerschrift oder dunkle Schokoladenglasur

Die weiche Butter mit Orange-back und dem Zucker so lange rühren, bis sich der Zucker gelöst hat.
Nach und nach die Eier dazugeben und langsam das Mehl und das Backpulver einrühren.
Den Kakao und die Haselnüsse unter den Teig ziehen und zum Schluß die Schokoladentröpfchen unterrühren.
Aus starker Alufolie Quadrate von 11 × 11 cm schneiden und diese über einem Wasserglas zu Förmchen formen. Die Förmchen mit flüssiger Butter bestreichen.
Den Teig in die Förmchen füllen und bei 220 Grad etwa 30 Minuten backen.
Die Törtchen aus der Form heben, erkalten lassen und mit flüssiger Schokoladenglasur überziehen. Nach Belieben mit Zuckerschrift oder dunkler Glasur verzieren.

Tip:
Lassen Sie die Törtchen von den eingeladenen Kindern
verzieren und mit nach Hause nehmen. Das wird bestimmt
viel Begeisterung hervorrufen.

Ungewohnt

Im Zeichen der Gesundheitswelle sind eigentlich kalorienreiche Sahnetorten nicht mehr so gefragt. Dennoch brauchen Sie auf Torten nicht zu verzichten, vor allem, wenn sie
viele Gewürze enthalten und daher weniger süß sind. Probieren Sie unsere ungewohnte, aber wohlschmeckende
Variante:

Gewürztorte
(Für etwa 16 Stück)

> *200 g Butter*
> *100 g Zucker*
> *100 g Dattelmark (aus dem Reformhaus)*
> *4 Eier*
> *200 g Weizenmehl*
> *80 g grob gehackte Mandeln*
> *100 g Zitronat*
> *1 TL Zimt*
> *je 1 Messerspitze Anis, Ingwer, Nelken und Muskat*
> *2 TL Backpulver*
> *Milch (je nach Bedarf)*
> *Semmelbrösel*
> *60 g Leinsamen mit Kleie*
> *Puderzucker zum Bestäuben*
> *Schlagsahne und Haselnüsse zum Verzieren*

Die weiche Butter mit dem Zucker und dem Dattelmark
sehr schaumig rühren, nach und nach die Eier dazugeben
sowie etwa 4 Eßlöffel Mehl.
Die Mandeln und das Zitronat unterrühren und die Gewürze hinzugeben.
Das restliche Mehl mit dem Backpulver mischen, über den
Teig sieben und vorsichtig unterziehen.

Falls der Teig zu fest ist, nach Bedarf Milch unterrühren, bis er geschmeidig ist.

Eine Springform (26 cm Durchmesser) fetten und mit Semmelbröseln ausstreuen. Kurz bevor der Teig eingefüllt ist, Leinsamen mit Kleie dazugeben und im vorgeheizten Ofen bei 190 Grad etwa 60 Minuten backen.

Den Ofen ausschalten und nach 10 Minuten den Kuchen herausnehmen.

Anschließend den Kuchen stürzen, mit Puderzucker bestäuben und nach Belieben mit Sahne und Haselnüssen verzieren.

Dem Bäcker abgeschaut

... sind diese Schnecken, die besonders gut schmecken, weil sie kandierte Früchte enthalten. Was so kompliziert aussieht – die Schneckenform –, ist ganz einfach herzustellen. Auch für den Kindergeburtstag ist dieses Gebäck eine gute Idee.

Kopenhagener Schnecken
(Für etwa 15 Stück)

500 g Mehl
30 g Hefe
50 g Zucker
knapp 1/4 l lauwarme Milch
1 Beutel Citro-back
1 gestrichener TL Kardamom
1 Prise Salz
1 Ei
50 g Butter
80 g Butter
40 g Zucker
80 g gemahlene Haselnüsse
75 g Korinthen
1 Beutel Frutta-Mix
80 g Butter zum Bestreichen

Das Mehl in eine Schüssel geben. Die Hefe mit etwas Zucker und lauwarmer Milch verrühren und zum Mehl geben.
Die restliche Milch mit dem Zucker unterrühren und das Citro-back, den Kardamom, das Salz und das Ei dazugeben.
Die Butter zerlassen, zum Teig geben und diesen so lange kneten, bis er sich vom Schüsselrand löst.
Den Teig zudecken und an einem warmen Ort (Backofen)

gehen lassen, bis er sich verdoppelt hat. Nochmals gut durchkneten und den Teig zu einem Rechteck ausrollen.
Weiche oder zerlassene Butter über den Teig streichen und den Zucker, die Haselnüsse, die Korinthen sowie Frutta-Mix darauf verteilen; dabei 2 cm Rand frei lassen.
Mit beiden Händen den Teig zu einer festen Rolle aufrollen und diese in gut 1 cm dicke Scheiben schneiden. Etwas flachdrücken und auf ein mit Backpapier ausgelegtes Blech legen. Die Schnecken etwa 15 Minuten gehen lassen.
Die Butter zerlassen und alle Schnecken damit bestreichen. Im vorgeheizten Backofen bei 200 Grad etwa 20 Minuten backen, bis sie schön hellbraun sind.

Unkonventionell

Exotische Früchte halten immer mehr Einzug in unsere Küche und sollen uns anregen, sie auf die vielfältigste Art und Weise zu benutzen. Kakipflaumen schmecken nicht nur in Desserts, sondern auf und in Kuchen und heben sie aus dem Alltäglichen heraus.

Kakitorte
(Für etwa 12 Stück)

> *4 reife, nicht zu weiche Kakipflaumen*
> *1/2 l Milch*
> *1 Päckchen Schokoladenpudding*
> *2 EL Zucker*
> *1 Ei*
> *1 TL Instantkaffee*
> *250 g Butter*
> *1 Packung Wiener Boden (3 Stück)*
> *50 g Mandelblättchen*
> *1/8 l Sahne*

Die Früchte waschen, den Stielansatz abdrehen und 3 der Früchte im Mixer pürieren.
Die Milch in einem Kochtopf erhitzen.
Das Puddingpulver mit dem Zucker und einigen Eßlöffeln Milch verrühren und in die kochende, vom Herd genommene Milch einrühren.
Den Pudding aufkochen lassen, vom Herd nehmen und etwas abkühlen lassen.
Das Ei trennen und das Eigelb unter den Pudding rühren.
Das Eiweiß steif schlagen und mit dem Kaffeepulver unter den Pudding heben.
Die Butter schaumig rühren und nach und nach den erkalteten Pudding und das Fruchtpüree hinzufügen.

Mit dieser Masse die Böden bestreichen und zusammenset-
zen. Den Kuchen mit der restlichen Creme von außen
bestreichen.
Den Rand mit Mandelblättchen bestreuen.
Die Sahne steif schlagen, in einen Spritzbeutel geben und
den Kuchen damit verzieren.

Die restliche Kakipflaume in feine Scheiben schneiden und die Torte damit garnieren; bis zum Servieren kühl stellen.

Tip:
Wenn Sie den Boden selbst machen wollen, fertigen Sie einen Biskuitteig aus 6 Eiern und schneiden ihn 2mal mit dem Zwirn durch.

Mit Ballaststoffen

Wie wichtig Ballaststoffe für eine gesunde Ernährung sind, kann nicht oft genug betont werden. Leinsamen z. B. finden beim Backen Verwendung und fördern Ihre Verdauung. Lassen Sie sich die gesunden Plätzchen schmecken!

Leinsamenplätzchen
(Für etwa 40 Plätzchen)

> *400 g Weizenvollkornmehl*
> *100 g gelber Leinsamen*
> *100 g brauner Zucker*
> *100 g Butter*
> *150 g Margarine*
> *3 EL Honig*
> *geriebene Schale von 1 ungespritzten Zitrone*
> *40 Haselnußkerne*

Das Mehl auf eine Arbeitsplatte geben, mit dem Leinsamen vermischen und danach eine Mulde bilden.
Den Zucker hineingeben und die Butter und die Margarine in Flöckchen auf dem Rand verteilen.
Alle Zutaten mit einem Messer vermischen, dann mit den Händen zusammenkneten und den Honig sowie die Zitronenschale untermengen.

Ein Backblech einfetten und mit Mehl bestäuben.
Aus dem Teig walnußgroße Kugeln formen und auf das
Backblech setzen. In die Mitte jeweils 1 Haselnuß drücken.
Die Plätzchen bei 200 Grad etwa 15 Minuten backen.
Abkühlen lassen und in einer Keksdose aufbewahren.

144

Tip:
Wenn Sie die ganzen Leinsamen nicht mögen, mischen Sie
sie geschrotet bei. Auch in Kuchen, Joghurts oder Desserts
macht sich 1 Eßlöffel Leinsamen recht gut.

Kein Weihnachten ohne Stollen!

Doch nicht jeder schmeckt, denn er darf weder zu fest sein,
noch darf er auseinanderfallen. Damit Ihr Stollen ausgezeichnet mundet, hier ein erprobtes Rezept:

Weihnachtsstollen
(Etwa 30 Stücke)

1/8 l Milch
150 g Butter
1 Ei
50 g Zucker
abgeriebene Schale von 1/2 Zitrone
1/2 TL Salz
1/4 TL Kardamom
500 g Mehl
40 g Hefe
125 g Sultaninen
125 g Korinthen
50 g Zitronat
150 g gehackte Mandeln
20 g Butter zum Bestreichen
Puderzucker zum Bestäuben

Die lauwarme Milch mit der weichen Butter, dem Ei, dem
Zucker, der Zitronenschale, dem Salz, dem Kardamom und
dem Mehl in eine Schüssel geben. Die zerbröckelte Hefe
darüber verteilen.

Alle Zutaten mit dem Handrührgerät, zuerst auf niedriger Stufe, dann auf höchster Stufe so lange kneten, bis sich der Teig vom Schüsselrand löst.

Die gewaschenen und gut abgetropften Sultaninen und Korinthen sowie das gewürfelte Zitronat und die Mandeln dazugeben.

Den Teig mit den Händen gut durchkneten und an einem warmen Ort auf das Doppelte gehen lassen. Das kann bis zu 1 Stunde oder länger dauern, weil kein Vorteig gemacht wurde.

Den Teig zu einem Stollen formen und entweder in eine gefettete, längliche Form legen oder direkt auf das gefettete Backblech. Nochmals 20 Minuten gehen lassen und dann bei 180 Grad etwa 55 Minuten backen.

Den Stollen noch warm mit flüssiger Butter bestreichen und nach dem Auskühlen mit Puderzucker bestäuben.

Feines Konfekt

Es muß nicht immer Kuchen sein, wenn Gäste bewirtet werden sollen. Süßes Konfekt tut es auch. Außerdem sieht es dekorativ aus und ist – auf Vorrat gebacken und eingefroren – schnell zur Hand. Naschkatzen freuen sich über solche Mitbringsel.

Walnußtörtchen
(Für etwa 25 Stück)

> *100 g Rosinen*
> *4 EL Rum*
> *150 g Butter*
> *150 g Zucker*
> *1 Päckchen Vanillinzucker*
> *3 Eier*
> *75 g Speisestärke*
> *75 g Mehl*
> *1 gestrichener TL Backpulver*
> *150 g gemahlene Walnußkerne*
> *Schokoladenglasur*
> *Walnußkerne zum Verzieren*

Die Rosinen in dem Rum etwa 2 Stunden einweichen.
Die weiche Butter in die Küchenmaschine geben. Den Zukker, den Vanillinzucker, die Eier, die Speisestärke, das Mehl, das Backpulver und die Walnußkerne dazugeben.
Die Masse mit dem Mixer auf höchster Schaltstufe gut 2 Minuten verrühren.
Zuletzt die eingeweichten Rosinen mit dem Rum unter den Teig mischen.
Aus Alufolie 11 × 11 cm große Quadrate schneiden und diese über ein Wasserglas stülpen und formen.
Den Teig in die Förmchen füllen und bei 180 Grad etwa

20 Minuten backen. Die Törtchen auf einem Kuchenrost auskühlen lassen.

Die Glasur im Wasserbad erwärmen und die Törtchen damit bestreichen.

Mit Walnußkernen verzieren und auf einer Glasplatte anrichten.

Tip:
Wenn Sie statt Walnußkernen Schokolade oder Haselnüsse unter den Teig mischen und die Törtchen mit Mokkabohnen, Liebesperlen, Blümchen usw. verzieren, haben Sie auf einfache Weise eine bunte Auswahl an leckerem Konfekt.

Rezeptverzeichnis

Autogenes Training zum Wohl der Gesundheit.

Die Wechseljahre: Keine Krankheit, sondern eine Lebensstufe.

Sich selbst massieren – kein Problem.

Box dich fit!

Gisela Eberlein
Gesund durch Autogenes Training

ECON Ratgeber

P. van Keep/L. Jaszmann
Die Wechseljahre der Frau

ECON Ratgeber

Chris Stadtlaender Selbstmassage

Gesund und schön durch eigene Kraft

ECON Ratgeber

Cornelia Dunkel
H. Schulz
Boxgymnastik für Frauen

Das neue Fitneßprogramm für den ganzen Körper

ECON Ratgeber

Eberlein, Gisela
Gesund durch Autogenes Training
132 Seiten
6 Zeichnungen
7,80 DM
ISBN 3-612-20141-7
ETB 20141

van Keep, Pieter A./ Jaszmann, Laszlo
Die Wechseljahre der Frau
139 Seiten
6 Zeichnungen
6,80 DM
ISBN 3-612-20013-5
ETB 20013

Stadtlaender, Chris
Selbstmassage
– Gesund und schön durch eigene Kraft –
Originalausgabe
160 Seiten
29 Zeichnungen
8,80 DM
ISBN 3-612-20067-4
ETB 20067

Dunkel, C./Schulz, H.
Boxgymnastik für Frauen
Das neue Fitneßprogramm für den ganzen Körper
Originalausgabe
112 Seiten, 102 Fotos
8,80 DM
ISBN 3-612-20149-2
ETB 20149

Das Buch
Alltagsstreß, nervöse Störungen an Herz, Kreislauf, Magen und Darm können durch Autogenes Training behoben werden.
Auch bei Schlafstörungen, depressiven Verstimmungen und Angstzuständen hilft Autogenes Training. Die Autorin zeigt anhand von eindrucksvollen Beispielen aus ihrer Praxis, welche Erfolge sie mit Autogenem Training erzielte, und sie gibt konkrete Anleitungen, wie das Autogene Training von jedermann angewandt werden kann.
Dies ist ein Ratgeber für alle, die sich geistig und körperlich fit halten wollen.

Die Autorin
Dr. med. Gisela Eberlein unterrichtet in eigener Praxis Autogenes Training und leitet außerdem Kurse und Seminare an einer Volkshochschule sowie in Arbeitsgemeinschaften.

Das Buch
Der Übergang von der fruchtbaren in die nächste Lebensperiode ist für Körper und Psyche der Frau mit einschneidenden Veränderungen verbunden. Neben den rein hormonellen Umstellungen des Körpers und Nebenerscheinungen, wie Hitzewallungen, verbunden mit akuten Schweißausbrüchen, Schilddrüsenstörungen, rheumatischen Gelenkveränderungen, hat die Frau häufig mit psychischen Beschwerden, mit Depressionen und starken Schwankungen im Gefühlsleben, zu kämpfen. Dieses Buch zeigt, wie jede Frau diese Beschwerden erfolgreich durch die bewußte Auseinandersetzung mit dieser Lebensphase angehen kann.

Die Autoren
P. A. van Keep und L. Jaszmann, Gynäkologen, haben in diesem Buch wissenschaftlich fundierte Erfahrungen aus der klinischen Arbeit mit Frauen im Klimakterium zusammengestellt.

Das Buch
Schon die alten Griechen und Römer wußten um den gesundheits- und schönheitsfördernden Wert der Massage, der bis heute feststeht. Massagen sind teuer, auf Krankenschein kann man sich nur bei Krankheit und bei degenerativen Leiden massieren lassen. Um gesund und schön zu bleiben, kann man sich aber auch selbst massieren, wie, das zeigt die Autorin. Nach einer Einführung in die Geschichte der Massage, einer Erläuterung der Heil-, Sport- und Schönheitsmassagen, der Vorsichtsmaßnahmen bei Schmerzen, Entzündungen und Krampfadern beschreibt sie, wie man sich von Kopf bis Fuß selbst massieren kann, welche Griffe man kennen muß und welche selbst hergestellten Kräuteröle man verwenden kann.

Die Autorin
Chris Stadtlaender ist Fachjournalistin für Medizin und Kosmetik. Sie lebt in Wien.

Das Buch
Bei dieser neuen Gymnastikart kämpfen nicht Frauen gegen Frauen, sondern es ist eine Sportart, die den Körper besser trainiert als Aerobic und Jogging zusammen. Es ist außerdem ein Anti-Aggressions-Programm, das Streß und Ärger abbaut. Die Autorin beschreibt, welche Geräte und Kleidung benötigt werden, wie hoch der finanzielle Aufwand ist und gibt in ausführlichen Schritt-für-Schritt-Übungen zahlreiche Hinweise für richtiges Training, damit die ideale Figur erreicht werden kann.

Die Autorin
Cornelia Dunkel ist seit vielen Jahren Gymnastik- und Sportlehrerin und hat das Box-Training in ihr Lehrprogramm aufgenommen.

Erste Hilfe für Kinder.	*Mehr Spaß am Lernen – Mehr Zeit zum Spielen.*	*Die Ängste unserer Kinder.*	*Damit der Kindergeburtstag wirklich gelingt.*

Diagram
Soforthilfe für mein Kind
Bei Unfällen und Krankheiten
ECON Ratgeber

Günther Beyer
So lernen Schüler leichter
Gedächtnis- und Konzentrationstraining
ECON Ratgeber

Gisela Eberlein
Ängste gesunder Kinder
Praktische Hilfe bei Lernstörungen
ECON Ratgeber

Isolde Kiskalt
Wir feiern eine Kinderparty

Spiele, Rezepte, Zaubereien für 4- bis 10jährige
ECON Ratgeber

Diagram
Soforthilfe für mein Kind
Bei Unfällen und Krankheiten
128 Seiten
200 Zeichnungen
7,80 DM
ISBN 3-612-20115-8
ETB 20115

Beyer, Günther
So lernen Schüler leichter
– Gedächtnis- und Konzentrationstraining –
128 Seiten, 92 Zeichnungen, 49 Übungen
6,80 DM
ISBN 3-612-20001-1
ETB 20001

Eberlein, Gisela
Ängste gesunder Kinder
– Praktische Hilfe bei Lernstörungen –
158 Seiten
7,80 DM
ISBN 3-612-20010-0
ETB 20010

Kiskalt, Isolde
Wir feiern eine Kinderparty
Spiele, Rezepte, Zaubereien für 4- bis 10jährige
Originalausgabe
128 Seiten
86 Zeichnungen
7,80 DM
ISBN 3-612-20102-6
ETB 20102

Das Buch
Wie wäscht man eine Wunde aus? Wie behandelt man Verbrennungen? Wie wird ein Finger verbunden? Was macht man bei Knochenbrüchen? Wie entfernt man einen Splitter? Was gehört in den Erste-Hilfe-Schrank? Was macht man bei Hautinfektionen?
Auf diese und viele andere Fragen gibt das Buch klare Antworten, erklärt durch über 200 Zeichnungen. Es sagt den Eltern, wie sie sich bei Kinderkrankheiten und anderen kindlichen Problemen verhalten sollen, bei Blinddarmreizung und Ohrinfektionen, bei Schock und in vielen anderen Fällen. Dieses Buch wurde in Zusammenarbeit mit dem Deutschen Roten Kreuz erstellt und ist Begleitbuch in einer ZDF-Fernsehreihe.

Das Buch
Mangelhafte Konzentrationsfähigkeit und schlechtes Gedächtnis sind oft die Ursachen für ungenügende Leistungen in der Schule. Dieses Buch schafft Abhilfe: Kinder zwischen 8 und 15 Jahren erfahren, wie sie mit einfachen Lerntechniken ihr Gedächtnis schulen und ihre Konzentrationsfähigkeit erhöhen können, um besser zu werden, Spaß am schnellen Lernen zu finden und damit mehr Zeit zum Spielen zu haben.
Übungen und Kontrolltests helfen, Können und Leistungen zu steigern.

Der Autor
Günther Beyer ist Gründer des Eltern-Schüler-Förderkreises Nordrhein-Westfalen. Er leitet ein eigenes Institut für Creatives Lernen.
Im ECON-Verlag erscheinen seine Ratgeber „Creatives Lernen", „Gedächtnis- und Konzentrationstraining" und „Superwissen durch Alpha-Training".

Das Buch
Jedes Kind kämpft mit unbewußten Ängsten, die es in irgendeiner Form hindern, zwanglos fröhlich, aktiv und spontan zu sein. Nervosität, Schlafstörungen, Kontaktschwierigkeiten, ja sogar Asthma, Stottern, Bettnässen sind Folgen dieser Ängste, die durch gezielt angewendete psychologische und pädagogische Entspannungsübungen behoben werden können. Wie, das zeigt dies Buch.

Die Autorin
Dr. med. Gisela Eberlein lehrt in eigener Praxis, in Seminaren und Arbeitsgemeinschaften autogenes Training. Besonders bei Kindern erzielte sie über psychologisch und pädagogisch fundierte Entspannungsmethoden große Erfolge.

Das Buch
Wichtig für eine Kinderparty ist die richtige Vorbereitung. Essen und Trinken, Spiele und Gewinne müssen geplant werden. Dazu findet man in diesem Buch zahlreiche Anregungen und Vorschläge.

Aus dem Inhalt
Vorbereitungen zur Party · Rezepte für Kindergetänke, Gebäck und kleines kaltes Büfett · Bekannte und weniger bekannte Spiele (mit Altersangabe) · Kleine Zaubereien für die Erwachsenen · Zum Ausklang des Festes: eine Tombola.

Die Autorin
Isolde Kiskalt ist Schriftstellerin und bringt hier ihre Erfahrungen, die sie bei Festen für ihre Tochter gewonnen hat.

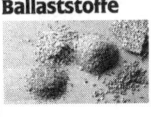
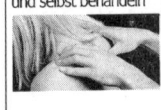

Primadonna, die man lieben muß.

Das Rauhbein mit der zarten Seele.

Mischlinge haben die besten Charaktere.

Meine ersten eigenen Fische.

Brigitte Eilert-Overbeck
Meine Katze

Verhalten, Ernährung, Pflege

Begleitbuch zur ZDF-Serie »Mit Tieren leben«

ECON Ratgeber

Arnt-Günter Nimz
Mein Hund

Verhalten, Erziehung, Pflege

Begleitbuch zur ZDF-Serie »Mit Tieren leben«

ECON Ratgeber

Rolf Spangenberg
Klassehunde ohne Rasse

Freundschaft, die nie enttäuscht

ECON Ratgeber

Hans J. Mayland
Aquarium für Anfänger

Beckenarten, Aquarientechnik, Bepflanzung, Fische

ECON Ratgeber

Eilert-Overbeck, B.
Meine Katze
Verhalten, Ernährung, Pflege
Originalausgabe
140 Seiten
24 Zeichnungen
8,80 DM
ISBN 3-612-20151-4
ETB 20151

Nimz, Arnt-Günter
Mein Hund
Verhalten, Erziehung, Pflege
Originalausgabe
128 Seiten
ca. 30 Zeichnungen
8,80 DM
ISBN 3-612-20150-6
ETB 20150

Spangenberg, Rolf
Klassehunde ohne Rasse
Freundschaft, die nie enttäuscht
224 Seiten
30 Fotos
9,80 DM
ISBN 3-612-20109-3
ETB 20109

Mayland, Hans J.
Aquarium für Anfänger
Beckenarten, Aquarientechnik, Bepflanzung, Fische
Originalausgabe
144 Seiten, 30 Farbfotos, 60 Zeichnungen
9,80 DM
ISBN 3-612-20100-X
ETB 20100

Das Buch
Katzen wollen den Familienanschluß, ja sogar die „Gleichberechtigung" von ihrem menschlichen Wohngenossen. Sie können zärtliche Schmusetiere sein, aber sie können auch das Erbe ihrer wilden Verwandten nicht leugnen. In diesem Buch erfährt man alles, was für das Zusammenleben und Verständnis notwendig ist.

Aus dem Inhalt
Die Katze – ein Tier mit Persönlichkeit · Grundvoraussetzungen für die Katzenhaltung · Eine Katze kommt in die Familie · Wohnungskatze oder „Freiläufer" · Ernährung und Pflege · Gesundheit und Geburtenkontrolle · Welche Katze soll es sein?

Die Autorin
Brigitte Eilert-Overbeck ist Journalistin und Autorin mehrerer Katzenbücher.

Das Buch erscheint als Begleitbuch zur ZDF-Serie „Mit Tieren leben".

Das Buch
Hunde sind die treuesten Haustiere, ob es nun Rassehunde oder Mischlinge sind. In diesem Buch wird von einem kompetenten Autor alles das beschrieben, was wichtig ist für das Zusammenleben von Hund und Mensch, sowohl in der Stadt als auch auf dem Land.

Aus dem Inhalt
Welcher Hund ist der richtige? · Kleine Hundepsychologie · Erziehung des Hundes · Richtige Ernährung · Hund und Kind · Der vierbeinige Patient · Mit Hund auf Reisen · Leben mit Hunden.

Der Autor
Dr. med. vet. A.-G. Nimz ist Kleintierarzt mit eigener Praxis und hat jahrelange Erfahrung im Umgang mit Hunden.

Das Buch erscheint als Begleitbuch zur ZDF-Serie „Mit Tieren leben".

Das Buch
Eine „Promenadenmischung" werden sie oft abfällig genannt, die liebenswerten Hunde, die auf keinen makellosen Stammbaum zurückblicken können. Dabei sind sie besonders kraftvoll, widerstandsfähig und anhänglich.

Aus dem Inhalt
Erwerb · Rassenstolz · Hundeknigge · Körpersignale kultivieren · Stimmklang modulieren · Soziale Stellung betonen · Hundestrafen · Haltung und Pflege · Der erste Tag · Der Alltag · Hundeliebe · Tierquälerei · Tierschutzvereine und Tierheime

Der Autor
Dr. Rolf Spangenberg ist Tierarzt und Sachbuchautor.

Das Buch
Fische sind nicht nur schön, sie stellen auch ein wahres Nervenelixier dar. Das Aquarium und seine Pflege sind ein Hobby für die ganze Familie. Kinder lernen das Wunder der Fortpflanzung sowie die Liebe zur Kreatur.

Aus dem Inhalt
Welchen Aquarientyp brauchen wir? · Wohin mit dem Aquarium? · Größe und Gewicht eines Aquariums · Keine Angst vor der Technik! · Einrichtung des Beckens · Das Wasser · Über die Bepflanzung · Die Fische · Fütterung · Aquarienmedizin

Der Autor
Hans J. Mayland ist der bekannteste deutsche Aquaristik-Autor.

AIDS wurde zum Schrecken der Welt.

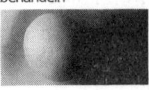

Jeder 5. Deutsche reagiert allergisch.

Rheuma: Die Geißel Nummer 1.

Jede dritte Frau leidet unter Orangenhaut.

Reger, Karl Heinz/ Haimhausen, Petra
AIDS
– Die neue Seuche des 20. Jahr- hunderts –
134 Seiten
8,80 DM
ISBN 3-612-20084-4
ETB 20084

Ulrich, Wolf
Allergien sind heilbar
– Hilfe bei Heu- schnupfen und anderen allergischen Krankheiten –
159 Seiten
14 Zeichnungen
8,80 DM
ISBN 3-612-20023-2
ETB 20023

Alexander, Maxi- milian
Rheuma ist heilbar
– Neueste Natur- heilmethoden –
142 Seiten
7,80 DM
ISBN 3-612-20017-8
ETB 20017

Ulrich, Wolf
Zellulitis ist heilbar
– Orangenhaut vor- beugen und selbst behandeln –
128 Seiten
51 Fotos
6,80 DM
ISBN 3-612-20012-7
ETB 20012

Das Buch
Dieses Buch soll Auf- klärung schaffen, es offenbart alles, was heute über diese ver- hängnisvolle Krank- heit und ihre Entste- hung bekannt ist.

Aus dem Inhalt
Fünf Schicksale, die am Beginn einer neu- en Epidemie stehen · So kann AIDS entste- hen · Wie AIDS in den Körper gelangt · Krankheitserreger, die für AIDS-Kranke tödlich sein können · Was Ärzte heute ge- gen AIDS tun können · Wie AIDS-Gefährde- te sich schützen kön- nen.

Die Autoren
Karl Heinz Reger ist Journalist und Sach- buchautor medizini- scher Themen.
Dr. med. Petra Haim- hausen ist Ärztin.

Das Buch
Tränende Augen, Schnupfnase, ge- schwollene Schleim- häute oder absinken- der Blutdruck sind ty- pische Symptome für Allergien, die ausge- löst werden können durch Pilzsporen oder Pollen, durch Medi- kamente, Mehl, ver- schiedene Fasern, Milch, Obst, Fisch oder Eier. Beschrie- ben wird, welche Krankheitsbilder mit welchen Symptomen allergisch bedingt sind, welche Diagno- semethoden es gibt, welche Vor- und Nach- teile sie haben und wie Allergien behan- delt werden können.

Der Autor
Dr. med. Wolf Ulrich ist Medizinjournalist und Verfasser ande- rer Bücher. Im ECON- Verlag erschienen sei- ne Ratgeber „Schmerz- frei durch Akupressur und Akupunktur", „Zellulitis ist heilbar" und „Haare pflegen und erhalten".

Das Buch
Mindestens vier Pro- zent der Menschheit ist an Rheuma erkrankt. Die herkömmliche Me- dizin hat diese Krank- heit mit ihren verhee- renden Folgen für Pa- tient, Staat und Volks- wirtschaft nicht in den Griff bekommen kön- nen.
In diesem Buch wer- den hochwirksame Na- turheilmethoden ge- gen den gesamten Rheumakomplex dar- gestellt. Bei konse- quenter Anwendung kann mit Naturheilmit- teln dieses Leiden ge- lindert werden, eine neue Hoffnung besteht zurecht.

Der Autor
Maximilian Alexander arbeitet seit vielen Jahren als Medizin- Journalist.

Das Buch
Zellulitis ist heilbar! Der Autor erklärt, wie Zellulitis entsteht, und schildert, wie man Zel- lulitis erfolgreich vor- beugen kann und sie heilt. Er entwickelte ein mehrstufiges Anti- Zellulitis-Programm, mit dem er durch Le- bensführung, richtige Ernährung, Sport und Gymnastik, Massage, Medikamente und viel Geduld in zehn Wochen diese häßli- che Krankheit heilen kann. 51 Fotos erläu- tern sein Programm und erleichtern dem Leser, es alleine durchzuführen.

Der Autor
Dr. med. Wolf Ulrich ist Facharzt für Haut- krankheiten.

Das Standardwerk der biologischen Küche.

Gesunde Ernährung für körperliches und seelisches Wohl.

Endlich! Die Diät, die Spaß macht.

Schnäpse und Liköre – Auch ein Stück Gesundheit?

Helma Danner
Biologisch kochen und backen
Das Rezeptbuch der natürlichen Ernährung

ECON Ratgeber

Ilse Sibylle Dörner
Das grüne Kochbuch
Handbuch der naturbelassenen Küche

ECON Ratgeber

Ilse Sibylle Dörner
Diät mit Bio-Kost
Schlank, gesund und fit

ECON Ratgeber

Katharina Buss
Leib- und Magenelixiere
Selbstgemachte Liköre und Schnäpse

ECON Ratgeber

Danner, Helma
Biologisch kochen und backen
– Das Rezeptbuch der natürlichen Ernährung –
288 Seiten, 8 Farbtafeln, 425 Rezepte
14,80 DM
ISBN 3-612-20003-8
ETB 20003

Dörner, Ilse Sibylle
Das grüne Kochbuch
– Handbuch der naturbelassenen Küche –
270 Seiten
20 Zeichnungen
382 Rezepte
12,80 DM
ISBN 3-612-20026-7
ETB 20026

Dörner, Ilse Sibylle
Diät mit Bio-Kost
– Schlank, gesund und fit –
Originalausgabe
189 Seiten
16 Zeichnungen
232 Rezepte
9,80 DM
ISBN 3-612-20019-4
ETB 20019

Buss, Katharina
Leib-u. Magenelixiere
– Selbstgemachte Liköre u. Schnäpse –
Originalausgabe
144 Seiten
30 Zeichnungen
4 Farbtaf., 167 Rezepte
8,80 DM
ISBN 3-612-20018-6
ETB 20018

Das Buch
Natürliche Ernährung ist nicht nur gesund, sondern auch wohlschmeckend, durch sie können Krankheiten geheilt, gelindert und verhindert werden: Karies, Paradontose, Erkrankung des Bewegungsapparates, Zuckerkrankheit, Leber-, Gallen-, Nierenerkrankungen, Beschwerden der Verdauungsorgane, Gefäßerkrankungen u. v. a. m. Naturbelassene Ernährung bringt dem Menschen neuen Schwung, Elastizität, Ausdauer und hohe Konzentrationsfähigkeit, sie erhält ihn gesund und schlank.
Die Rezepte in diesem Buch sind praxiserprobt.

Die Autorin
Helma Danner ist Gesundheitsberaterin. Sie beschäftigt sich seit vielen Jahren mit der wissenschaftlichen und Laienliteratur auf dem Ernährungssektor, mit neuesten und alten Gesundheits- und Kochbüchern.

Das Buch
Das Handbuch der naturbelassenen Küche beweist mit über 380 Rezepten, daß man gesund leben und trotzdem köstlich essen kann.
Modernes Kochen mit frischen und gesunden Lebensmitteln, die schonend, selbst für schmackhafte Speisen, verarbeitet werden – unter dieser Maxime steht das grüne Kochbuch mit seinen vielen praxiserprobten Rezepten, Anleitungen, Tips und Ratschlägen zur naturbelassenen Küche. Es zeigt aber auch, daß Kochen nicht erst am Herd beginnt: Joghurt und Käse, Gemüse und Kräuter aus eigener Produktion bereichern jeden Tisch.

Die Autorin
Ilse Sibylle Dörner schreibt als freie Journalistin u. a. für die Zeitschrift „Feinschmecker". Sie ist Autorin mehrerer Kochbücher.

Das Buch
Bio-Diät ist eine neue, gesunde Möglichkeit, schlank zu werden und schlank zu bleiben. Köstliche Rezepte, eine Einführung in die Kräuter- und Keimlingszucht, Bio-Kosmetik und Bio-Medizin verleiten den Leser, sofort anzufangen und ohne Qual und zeitliche Begrenzung seinem Körper etwas Gutes zu tun, ihn schlank und fit zu halten.

Die Autorin
Ilse Sibylle Dörner schreibt als freie Journalistin u. a. für die Zeitschrift „Feinschmecker". Sie ist Autorin mehrerer Kochbücher, u.a. „Das grüne Kochbuch", ein Standardwerk für die alternative Küche.

Das Buch
Äbte, Padres und Nonnen durften keinen Alkohol zu sich nehmen, und doch haben sie die besten Rezepte für die Zubereitung von Kräuterlikören und Schnäpsen zusammengestellt.
Viele der alten Klostertränke sind hier in etwa 200 Rezepten aufgenommen. Für jeden Geschmack und für die Gesundheit obendrein ist etwas dabei. Eine Tabelle über die Reifezeiten von Früchten und Kräutern erleichtern die jährliche Planung der eigenen Herstellung.

Die Autorin
Katharina Buss ist Lebensmitteljournalistin, sie schreibt u. a. für den „Feinschmecker". Die Rezepte hat sie selbst ausprobiert.

ETB-GESAMTVERZEICHNIS ECON RATGEBER

Gesundheit

Maximilian Alexander
Die (un)heimlichen Krankmacher
Vorbeugen, erkennen, heilen

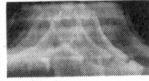

ECON Ratgeber
ETB 20039   DM 9,80
Originalausgabe,
144 Seiten

Wolf Ulrich
Allergien sind heilbar
Hilfe bei Heuschnupfen und anderen allergischen Krankheiten

ECON Ratgeber
ETB 20023   DM 8,80
159 Seiten,
14 Zeichnungen

Maximilian Alexander
Rheuma ist heilbar
Neueste Naturheilmethoden

ECON Ratgeber
ETB 20017   DM 7,80
142 Seiten

Bernard A. Bäker
Gelenkerkrankungen

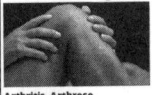

Arthritis, Arthrose, Gelenkrheuma

ECON Ratgeber
ETB 20080   DM 8,80
141 Seiten,
57 Zeichnungen,
12 Fotos

Gerhard Leibold
Das Kreuz mit dem Kreuz

Bandscheibenschäden vorbeugen und heilen

ECON Ratgeber
ETB 20133   DM 7,80
Originalausgabe,
ca. 144 Seiten,
15 Zeichnungen

Bernard A. Bäker
Migräne und Kopfschmerzen sind heilbar

ECON Ratgeber
ETB 20063   DM 7,80
115 Seiten,
6 Zeichnungen

Werner Zenker
Mit Asthma leben lernen

ECON Ratgeber
ETB 20049   DM 7,80
Originalausgabe,
173 Seiten

Werner Zenker
Mein Kind hat Asthma

ECON Ratgeber
ETB 20037   DM 9,80
Originalausgabe,
202 Seiten

Martin Schwartz
Stottern ist heilbar

Erfolgreiche Behandlungsmethoden

ECON Ratgeber
ETB 20057   DM 7,80
176 Seiten

Gerhard Leibold
Die Schilddrüse

Krankheiten vorbeugen und behandeln

ECON Ratgeber
ETB 20106   DM 7,80
Originalausgabe,
ca. 128 Seiten,
4 Zeichnungen

Bernard A. Bäker
Brustkrebs

Vorbeugen, erkennen, handeln

ECON Ratgeber
ETB 20107   DM 8,80
Originalausgabe,
ca. 176 Seiten,
Zeichnungen

Gerhard Leibold
Risikofaktor Cholesterin

Erkennen und vorbeugen

ECON Ratgeber
ETB 20083   DM 7,80
Originalausgabe,
138 Seiten, 5 Zeichnungen

Michael Eisenberg
Magenkrank?

Behandlung und Heilung

ECON Ratgeber
ETB 20068   DM 8,80
159 Seiten,
14 Zeichnungen

Angela Kilmartin
Blasenentzündung

Vorbeugen und selbst behandeln

ECON Ratgeber
ETB 20072   DM 8,80
164 Seiten,
18 Zeichnungen

Wolf Ulrich
Zellulitis ist heilbar
Orangenhaut – vorbeugen und selbst behandeln

ECON Ratgeber
ETB 20012   DM 6,80
128 Seiten,
51 Fotos

P. van Keep/L. Jaszmann
Die Wechseljahre der Frau

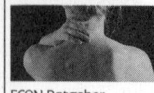

ECON Ratgeber

ETB 20013   DM 6,80
139 Seiten,
6 Zeichnungen

Karl Heinz Reger
Sibylle Reger-Nowy
Herpes

Erkennen und behandeln

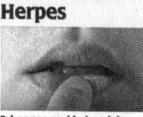

ECON Ratgeber

ETB 20096   DM 8,80
Aktualisierte und erweiterte
Neuausgabe,
160 S., 16 Zeichnungen, 8 Fotos

Karl Heinz Reger
Petra Haimhausen
AIDS

Die neue Seuche
des 20. Jahrhunderts

ECON Ratgeber

ETB 20084   DM 8,80
Aktualisierte und erweiterte
Neuausgabe,
134 Seiten

Rainer Haun
Der mündige Patient

Vom kritischen Umgang
mit Ärzten

ECON Ratgeber

ETB 20078   DM 9,80
222 Seiten

Donald Vickery
James F. Fries
Zum Arzt – oder nicht?

Krankheiten erkennen
und das Richtige tun

ECON Ratgeber

ETB 20007   DM 12,80
304 Seiten,
67 Graphiken

Diagram
Soforthilfe für mein Kind

Bei Unfällen
und Krankheiten

ECON Ratgeber

ETB 20115   DM 7,80
Deutsche Erstausgabe,
128 Seiten,
200 Zeichnungen

Maximilian Alexander
Eugen Zoubek
Schmerzfrei durch Biomedizin

Neue Naturheilmethoden

ECON Ratgeber

ETB 20000   DM 6,80
143 Seiten

Gerhard Jäger
Die beste Medizin

Möglichkeiten
der Naturheilmittel

ECON Ratgeber

ETB 20027   DM 7,80
142 Seiten,
9 Zeichnungen

Ulrich Rückert
Gesund ohne Pillen

Naturheilmittel
für Jedermann

ECON Ratgeber

ETB 20071   DM 9,80
Originalausgabe,
207 Seiten,
23 Zeichnungen

Anton Stangl
Heilen aus geistiger Kraft

Zur Aktivierung
innerer Energien

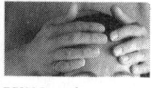

ECON Ratgeber

ETB 20029   DM 6,80
143 Seiten

Marie-Luise und
Anton Stangl
Hoffnung auf Heilung

Seelisches Gleichgewicht bei schwerer
Krankheit

ECON Ratgeber

ETB 20035   DM 9,80
Originalausgabe,
234 Seiten

Natalie Rogers
Schluß mit der Erschöpfung

ECON Ratgeber

ETB 20058   DM 7,80
Deutsche Erstausgabe,
141 Seiten

Gerhard Leibold
Gesund und fit durch Ballaststoffe

ECON Ratgeber

ETB 20082   DM 7,80
Originalausgabe,
140 Seiten,
5 Zeichnungen

Hans A. Bloss
Bewegung tut not

Ein Programm für
Sportmuffel

ECON Ratgeber

ETB 20145   DM 9,80
Originalausgabe,
ca. 160 Seiten,
20 Zeichnungen

Ute Busch
Karl-Gustav Gies
Nils Waegner
Heilschwimmen

Gesundheitstraining
für jung und alt

ECON Ratgeber

ETB 20097   DM 9,80
Originalausgabe,
ca. 208 Seiten

Gerhard Jäger
Wasser wirkt Wunder

Natürliche Heilmethoden

ECON Ratgeber

ETB 20006   DM 6,80
159 Seiten,
26 Fotos

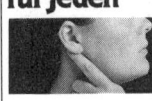
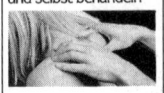

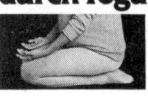

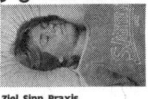

Essen

und

Trinken

Ilse Sibylle Dörner
Das grüne Kochbuch
Handbuch der naturbelassenen Küche

ECON Ratgeber

ETB 20026   **DM 12,80**
270 Seiten,
20 Zeichnungen,
382 Rezepte

Helma Danner
Biologisch kochen und backen
Das Rezeptbuch der natürlichen Ernährung

ECON Ratgeber

ETB 20003   **DM 14,80**
288 Seiten,
8 Farbtafeln,
425 Rezepte

Ilse Sibylle Dörner
Diät mit Bio-Kost
Schlank, gesund und fit

ECON Ratgeber

ETB 20019   **DM 9,80**
Originalausgabe,
189 Seiten, 16 Zeichnungen,
232 Rezepte

Helma Danner
Bio-Kost für mein Kind

ECON Ratgeber

ETB 20050   **DM 8,80**
160 Seiten,
20 Zeichnungen

Anneliese und Gerhard Eckert
Selbst räuchern

Fische, Fleisch und Wurst ... Rezepte

ECON Ratgeber

ETB 20087   **DM 9,80**
Originalausgabe,
144 Seiten,
Zeichnungen

Veronika Müller
Käse und Joghurt selbst herstellen

Mit 100 Rezepten zum Kochen

Originalausgabe

ECON Ratgeber

ETB 20136   **DM 8,80**
Originalausgabe,
ca. 128 Seiten,
20 Zeichnungen

Heidemarie Freund
Marmeladen, Konfitüren und Gelees

150 Rezepte

Originalausgabe

ECON Ratgeber

ETB 20144   **DM 9,80**
Originalausgabe,
ca. 128 Seiten,
Zeichnungen

Ilse Sibylle Dörner
Kochen und heilen mit Honig

ECON Ratgeber

ETB 20070   **DM 9,80**
221 Seiten,
15 Zeichnungen,
516 Rezepte

Peter Espe
Tips für den Weinkauf

Band 1: Das Grundwissen

ECON Ratgeber

ETB 20148   **DM 8,80**
168 Seiten,
20 Zeichnungen

Katharina Buss
Leib- und Magenelixiere
Selbstgemachte Liköre und Schnäpse

ECON Ratgeber

ETB 20018   **DM 8,80**
Originalausgabe,
144 Seiten, 30 Zeichnungen,
4 Farbtafeln, 167 Rezepte

Peter C. Hubschmid
Tee – für Kenner und Genießer

Ein Brevier mit 40 Teerezepten

ECON Ratgeber

ETB 20073   **DM 8,80**
Originalausgabe,
144 Seiten,
20 Zeichnungen

Gini Rock
Aus der Bohne wird Kaffee
80 Rezepte zur Zubereitung eines klassischen Getränks

ECON Ratgeber

ETB 20048   **DM 8,80**
Originalausgabe,
168 Seiten,
37 Abbildungen

Natur

Heidrun und Friedrich Jantzen
Das Gartenjahr im Gemüsegarten

ECON Ratgeber

ETB 20108   **DM 9,80**
Originalausgabe,
ca. 128 Seiten,
ca. 100 Zeichnungen und Fotos

Ina Jung
Biologisch düngen

Gesunder Boden, weniger Schadstoffbelastung, mehr Ertrag

ECON Ratgeber

ETB 20134   **DM 9,80**
Originalausgabe,
ca. 128 Seiten,
ca. 50 Zeichnungen

Hobby

Heidemarie Freund
Schöne Geschenke selbst gebastelt

ECON Ratgeber

ETB 20088   DM 8,80
Originalausgabe,
112 Seiten,
ca. 70 Zeichnungen

Heidemarie Freund
Basteln mit Kindern

Zauberhafte Ideen
für 4- bis 10jährige
Originalausgabe

ECON Ratgeber

ETB 20101   DM 8,80
Originalausgabe,
112 Seiten,
ca. 70 Zeichnungen

Christel Keller
Seidenmalerei

ECON Ratgeber

ETB 20137   DM 14,80
Originalausgabe,
112 Seiten,
ca. 30 Fotos, 16 Farbtafeln

Eva Gabisch
Chinesische Malerei

Anleitung für ein schöpferisches Hobby

ECON Ratgeber

ETB 20011   DM 5,80
96 Seiten,
3 Farbtafeln,
70 Zeichnungen

Annette Arnold
Kerzen und Figuren aus Bienenwachs

Anleitung zum
Selbermachen

ECON Ratgeber

ETB 20110   DM 9,80
Originalausgabe,
128 Seiten,
ca. 50 Fotos und Zeichnungen

Edda Biesterfeld
Kleine Kunst auf weißem Gold

Ein Kurs zum Erlernen der Porzellanmalerei

ECON Ratgeber

ETB 20009   DM 8,80
157 Seiten,
16 Farbfotos,
80 Zeichnungen

Dieter Heitmann
Holz – das natürlichste Spielzeug der Welt

Ideen zum Selbermachen

ECON Ratgeber

ETB 20034   DM 12,80
122 Seiten,
68 Fotos, 13 Farbfotos,
100 Zeichnungen

Klaus Oberbeil
Kaufen und verkaufen auf dem Flohmarkt

ECON Ratgeber

ETB 20079   DM 8,80
Originalausgabe,
160 Seiten

Heiner Vogelsang
Trödel sammeln und restaurieren

1000 Tips für den Umgang mit alten Stücken

ECON Ratgeber

ETB 20042   DM 12,80
Originalausgabe,
174 Seiten, 8 Farbtafeln,
36 Zeichnungen

Helmut-Maria Glogger
Kunst und Antiquitäten sachkundig kaufen

ECON Ratgeber

ETB 20089   DM 14,80
Originalausgabe,
ca. 180 Seiten,
ca. 40 Zeichnungen

Siegfried Sterner
Hausmusik

Vergnügen in Dur und Moll

ECON Ratgeber

ETB 20036   DM 9,80
187 Seiten,
31 Zeichnungen

Spiele und Unterhaltung

**H. Otake
S. Futakuchi**
Go

Das Einführungsbuch des
Deutschen Go-Bundes

ECON Ratgeber

ETB 20103   DM 9,80
Deutsche Erstausgabe,
200 Seiten,
250 Diagramme

Alfred Schwarz
Backgammon

Das offizielle Regelbuch
des Deutschen
Backgammon-Bundes

ECON Ratgeber

ETB 20112   DM 9,80
Originalausgabe,
ca. 128 Seiten,
116 Zeichnungen

Ruth Dirx
Kinderspiele von Januar bis Dezember

Unterhaltung für Mädchen, Jungen und Eltern

ECON Ratgeber

ETB 20032   DM 7,80
175 Seiten,
55 Zeichnungen,
198 Spielideen

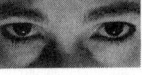

Hanns-Manfred Heuer

Mein Kind ist Jungfrau

Vom 24. August bis 23. September

ECON Ratgeber

ETB 20126   DM 6,80
112 Seiten,
10 Zeichnungen

Hanns-Manfred Heuer

Mein Kind ist Waage

Vom 24. September bis 23. Oktober

ECON Ratgeber

ETB 20127   DM 6,80
112 Seiten,
10 Zeichnungen

Hanns-Manfred Heuer

Mein Kind ist Skorpion

Vom 24. Oktober bis 22. November

ECON Ratgeber

ETB 20128   DM 6,80
112 Seiten,
10 Zeichnungen

Hanns-Manfred Heuer

Mein Kind ist Schütze

Vom 23. November bis 21. Dezember

ECON Ratgeber

ETB 20129   DM 6,80
112 Seiten,
10 Zeichnungen

Hanns-Manfred Heuer

Mein Kind ist Steinbock

Vom 22. Dezember bis 20. Januar

ECON Ratgeber

ETB 20130   DM 6,80
112 Seiten,
10 Zeichnungen

Hanns-Manfred Heuer

Mein Kind ist Wassermann

Vom 21. Januar bis 19. Februar

ECON Ratgeber

ETB 20131   DM 6,80
112 Seiten,
10 Zeichnungen

Hanns-Manfred Heuer

Mein Kind ist Fisch

Vom 20. Februar bis 20. März

ECON Ratgeber

ETB 20132   DM 6,80
112 Seiten,
10 Zeichnungen

Umwelt, Ökologie

Sabine Bahnemann

Alltagsökologie

Global denken – lokal handeln

ECON Ratgeber

ETB 20064   DM 9,80
Originalausgabe,
222 Seiten,
über 100 Zeichnungen

Robert Müller

Giftige Stoffe im Haushalt

Verhaltensempfehlungen und Richtlinien

Originalausgabe

ECON Ratgeber

ETB 20095   DM 8,80
Originalausgabe,
160 Seiten,
ca. 10 Abbildungen

E. Dölle/W. Koch

Selbstversorgung – aber wie

Unabhängigkeit für Stadt- und Landbewohner

ECON Ratgeber

ETB 20051   DM 9,80
Originalausgabe,
191 Seiten,
68 Zeichnungen

Praxis

Edgar Forster

Sich selbständig machen – gewußt wie

ECON Praxis

ETB 21001   DM 9,80
Originalausgabe,
192 Seiten

Heiner Kurt Wülfrath

Sich erfolgreich bewerben und vorstellen

Ein praktischer Ratgeber für Stellensuchende

ECON Praxis

ETB 21004   DM 5,80
Originalausgabe,
90 Seiten

Manfred Lucas

Bewerbungsgespräche erfolgreich führen

ECON Praxis

ETB 21020   DM 8,80
Originalausgabe,
ca. 128 Seiten

Kurt H. Setz
Für ein paar Jahre ins Ausland

Erfahrungen und Tips

ECON Praxis

ETB 21011   **DM 12,80**
Originalausgabe,
205 Seiten

Kurt H. Setz
Leben, studieren, arbeiten in Großbritannien

ECON Praxis

ETB 21021   **DM 8,80**
Originalausgabe,
ca. 128 Seiten

Kurt H. Setz
Leben, studieren, arbeiten in Frankreich

ECON Praxis

ETB 21022   **DM 8,80**
Originalausgabe,
ca. 128 Seiten

Bestellschein ETB

Ich bestelle hiermit aus dem
ECON Taschenbuch Verlag,
Postfach 9229, 4000 Düsseldorf 1,
durch die Buchhandlung:

Buchhandlung:

_____ Ex.	_____ Ex.
_____ Ex.	_____ Ex.
_____ Ex.	_____ Ex.
_____ Ex.	_____ Ex.
_____ Ex.	_____ Ex.

Name: _____

Straße: _____ Ort: _____

Datum: _____ Unterschrift: _____

Preisänderungen und Irrtum vorbehalten. Stand 1. 8. 1985